Rober Wido, vida y reflexiones del último tipo con clase

Rober Wido & JD Romero

SAMARCANDA

Rober Wido, vida y reflexiones del último tipo con clase

ISBN: 9788412625547
ISBN e-book: 9788412625561

Producción editorial: Lantia Publishing S.L.
Plaza de la Magdalena, 9, 3 (41001-Sevilla)
www.lantia.com
IMPRESO EN ESPAÑA – PRINTED IN SPAIN

A Goge, con todo mi amor.

Rober Wido

Índice

PRÓLOGO

Things Fall Apart

Uno de los muchos días en que hablaba con Rober sobre la escritura de este libro, me preguntó por qué creía que lograba tanto éxito en las redes sociales y por qué pensaba que no tenía *haters* en las mismas cuando su media de comentarios en Instagram ronda las ochocientas personas habitualmente. Aunque no esperaba que me lo preguntara, lo cierto es que tenía clara la respuesta: lo calmado, pacífico y sosegado de su mensaje.

Las redes sociales son, muy a menudo, un lugar donde todo el mundo intenta llamar la atención con estridencias: fotos hiperbólicas, gritos, vídeos editados que van a un ritmo endiablado, colores chillones y un larguísimo etcétera. Rober Wido es absolutamente todo lo contrario, un tipo que se graba en casa de manera tranquila, fumando, oyendo la mejor música negra, animándonos a ser felices. Por supuesto, también están sus aventuras en Marsella y en muchos otros rincones del mundo, Scarlett, Mohammed y el resto de lugares y personajes en los que la línea entre ficción y realidad se desdibuja, pero incluso ahí su calma y paz interior resultan palpables para cualquiera con un mínimo de sensibilidad.

El perfil de Instagram de Wido es el oasis de Internet, aunque también del mundo real. Guerras, pandemias, racismo, homofobia, xenofobia y personajes que transmiten ira hasta cuando no están dando un mensaje explícitamente negativo. Nada de eso hay en Rober, tampoco conductas pasivo-agresivas ni nada mínimamente tóxico, por eso sus seguidores se enganchan de manera inconsciente, porque Wido es la resistencia incluso sin saberlo.

Si hacemos un análisis superficial del impacto de Wido en las redes, tendemos a pensar que sus fanes lo siguen por los temas de hiphop, por la maría que fuma, por las historias que cuenta o por la ropa de primeras firmas que gasta. Sin embargo, Internet está sobresaturado de ese contenido, con lo que queda claro que no solo se trata de lo que cuenta, sino de cómo lo cuenta.

Además, Wido es real 24/7. Su educación, su ritmo pausado a la hora de hablar, su léxico y sus distinguidas maneras lo convierten en un verdadero revolucionario, en la verdadera subversión de las redes: un tipo cortés y distinguido que habla sobre drogas en un mundo donde seres llenos de agresividad aleccionan sobre las buenas maneras y la tradición más rancia y contradictoria.

Reconozco que Rober me ha transmitido esa felicidad y esa energía tan adictiva en todas y cada una de las larguísimas charlas que hemos mantenido mientras dábamos forma a este libro. Una multidimensionalidad y complejidad difíciles de definir, ya que jamás he probado las drogas y, sin embargo, Wido también ha sido capaz de hipnotizarme con sus historias, con su tono de voz y con su vibración tan extraña, estable, peculiar y necesaria en este planeta que se cae a trozos.

De Bruce Springsteen a Wiz Khalifa, de Polo Ralph Lauren a Karl Kani, de los mejores colegios privados a los fumadores de *crack* de Virginia: bienvenidos al mundo de Rober Wido, el último yonqui con clase, el penúltimo fenómeno de las redes y la metafísica más inconscientemente espiritual de toda la jungla de Instagram.

JD Romero

CAPÍTULO 1

¿Wido nace o se hace?

Antes de nada, me gustaría subrayar que soy consciente de que se sabe poco sobre mi vida. Aunque no me considero tímido, es cierto que en las redes sociales suelo lanzar mensajes acotados y muy puntuales sobre mi trayecto vital. Aunque hago reflexiones, narro la música que escucho o cuento lo que fumo (e incluso cuento mis frustraciones con la ensaladilla), dejo mucho a la imaginación del que está al otro lado. Quizás no es algo consciente, pero es lo que ha acabado siendo; como bien dicen los sabios, no hay nada realmente bueno y nada realmente malo. De cualquier modo, al final ese encaje ha parecido funcionar —o mejor dicho, ha parecido funcionaros— y no puedo sino agradecer vuestro apoyo y vuestra lealtad durante todos estos años, incluso durante esas épocas donde me he apartado de todo debido a mis bajones emocionales, algo en lo que profundizaré más adelante. Pero vayamos al grano.

Nací como Roberto B. un frío noviembre de 1962 en Bilbao. A pesar de que intento tener una actitud positiva y empática (al menos con los demás), vine a este mundo con graves problemas de salud: grupo sanguíneo Rh negativo. Tanto es así que mi propia madre me bautizó en el baño del hospital, pues nadie esperaba que durase ni siquiera unos días. Por suerte, y tras seis meses en la incubadora, sobreviví y aquí sigo, sesenta años después. No puedo sino agradecer a mi madre su constancia, aunque posteriormente le diera tantísimos disgustos en vida, pero ya llegaremos también a ese punto.

Mi padre era capitán marino mercante en un petrolero inmenso de cien mil toneladas. Siempre estaba fuera, de viaje. A pesar de su ausencia física, fue —y es— un padre muy afectivo y le debo muchas cosas, como, por ejemplo, mi tremenda afición por la música, esa que ha servido de esencial nexo de unión con vosotros, quienes me seguís a través de las redes. Debido al trabajo de mi progenitor, los viajes por todo el mundo eran habituales, por lo que siempre estábamos al día en tecnología (se ocupaba de traer todos los aparatos que iban saliendo, especialmente en Estados Unidos) y desde siempre tuvimos tocadiscos y una inmensa colección de vinilos. Recuerdo mi infancia escuchando a grupos de música mucho más modernos y actuales de los que en aquel momento se sintonizaban en nuestro país, y eso se lo debo a mi padre y a su espíritu aventurero. Mi padre tenía un corte muy conservador y tradicional, pero, sin embargo, era muy moderno para tantas cosas como para la música y la tecnología, prueba de la fascinante multidimensionalidad del ser humano.

Mi madre era igual de conservadora que mi padre, si no más. Su felicidad (y hablo en pasado porque ya falleció) era tener a toda su familia en casa, comiendo las cosas que ella cocinaba y con un estilo de vida muy tradicional.

Supongo que a muchos os llama la atención mi personalidad, por eso me sigáis en redes. No consigo dilucidar qué soy capaz de transmitiros, pero sí sé que viene del pasado. Con solo seis años, mis padres me llevaron a un psicólogo y este les dijo que quería una vida más moderna, más accesible, no tener que discutir por cosas tan sencillas como llevar vaqueros, algo a lo que mi madre se negaba por su personalidad —o educación— clásica. Un detalle sin importancia que, aun así, puede ser definitorio de la personalidad imprevisible o subversiva de un niño en el futuro.

Estudié en los Corazonistas de Vitoria, un colegio privado de muchísimo prestigio donde los curas eran bastante agresivos. Sin embargo, también hubo cosas buenas del lugar; por ejemplo, la educación musical. Gracias a ellos toco el piano y otros instrumentos. Supieron darle la importancia que la música se merece (algo que, reitero, siempre ha sido necesario en mi vida). Mi locuacidad e inteligencia emocional (dos de las pocas virtudes que creo poseer) resultaron esenciales para mi supervivencia en ese colegio, tanto que siempre era de los líderes de la clase y buscaba reclamar un poco el centro de atención, algo que sin duda acababa logrando. Quizás simplemente intentaba compensar algunas de las frustraciones que tenía en casa, como no poder proyectarme estéticamente a mi gusto. Nunca fui buen estudiante, no voy a engañaros, pero, gracias a la constancia de mi madre y a los profesores particulares que me ponía, pude aprobar hasta COU y sacarme el bachiller, algo que hoy le agradezco a ella allá donde esté. Aunque, a decir verdad, tampoco es que haya sabido aprovechar mucho este hecho.

A muchos os podrá parecer mentira, pero en mi infancia era un niño rellenito. Mi carácter era —es— tranquilo y diplomático, como podéis ver en mis redes. A pesar de que la mayoría de niños recuerdan los dibujos animados, a mí lo que me gustaban eran las películas del oeste, sobre todo el *spaghetti western*. Mientras los chicos de mi edad hablaban de Mazinger Z, mis ídolos eran James Stewart o un jovencísimo Clint Eastwood, ese que se hizo superpopular gracias a Sergio Leone y al almeriense desierto de Tabernas.

Mi infancia fue más o menos plácida, a excepción de un detalle genial: con solo siete años, me fui diez meses de viaje con mi padre por alta mar y tuve la suerte de ver todo el mundo, literalmente. Recuerdo los rascacielos de Nueva York o las tribus africanas. Me acuerdo especialmente de cuando, para celebrar mi cumpleaños, un telegrafista se disfrazó de Neptuno, el famoso rey de los mares de la mitología romana, y me colmó de regalos ahí en el propio barco.

Aunque mi infancia fue relativamente previsible, si puedo reconocer, en este ejercicio de memoria, ciertos detalles que cimentaron lo que, para bien y para mal, soy hoy. Un tipo mitad ángel y mitad demonio que ha dado más disgustos que alegrías y que acabó teniendo una vida que, según mis editores de Lantia Publishing y Editorial Samarcanda, merece la pena ser contada. Bienvenidos a la vida de Rober Wido, un yonqui con clase.

CAPÍTULO 2

La letra con sangre no entra

Mi estancia interno en el colegio fue buena y mala, como casi todo en la vida, llena de aristas, momentos y claroscuros. Recuerdo perfectamente a mis amigos de aquel tiempo, uno era el hijo del dueño de Cegasa (las famosas pilas) y otros dos eran unos hermanos de Madrid. Aún pienso en ellos y me doy cuenta del aprecio que les sigo teniendo, pues, al fin y al cabo, estuvieron ahí en una de las etapas decisivas de mi historia.

Como ya comenté en el capítulo anterior, yo no era bueno haciendo los deberes. Mi tutor me tuvo un año entero (junto a mi fiel compañero, el heredero de Cegasa) estudiando hasta las doce de la noche, de lunes a viernes. Por si no fuese suficiente, luego, tras el estudio, nos daba un buen montón de azotes. Para rematar la faena, luego tenía la caradura de venir a nuestras casas en época de vacaciones, poner la buena cara y hacerse el cercano y empático, cuando dentro del colegio era un torturador. Pensándolo con la distancia y objetividad que da el paso del tiempo, creo que se trataba de un psicópata, bajo la definición estricta y literal del término, ya que no se te puede denominar de otro modo si disfrutas de hacer daño a un niño (o a un adulto). Que me corrijan los licenciados en Psicología.

Por desgracia, había más: cada quince días venían a la clase y leían las calificaciones de los alumnos en voz alta. Una humillación quincenal a la que seguía un número de bofetadas proporcional al número de suspensos. Tal como lo leéis.

Pero, sí, también había algunas cosas positivas. Teníamos camareros uniformados que nos servían la comida y la bebida en la mesa y nos enseñaban los correctos modales del comer y el beber. De ese modo, algunas veces nos sentíamos unos privilegiados y otras, unos desgraciados; quién sabe si de ese extraño compendio nacen mis altibajos emocionales y mi extraño apego.

Yo solía juntarme con los más mayores para sentirme uno de ellos y creerme un líder o algo así, un detalle que me siguió desde la infancia hasta el inicio de mi adultez. Fumaba ya un poco de tabaco, aunque sin echármelo a pecho, pues yo tenía trece años en aquel momento y ellos, unos diecisiete. Por esa época también descubrí mi sexualidad, claramente bisexual desde el inicio (cosa que sigue igual). Sin embargo, y ya profundizaremos sobre ello a su momento, solo he tenido a mujeres como pareja.

Internado en aquel colegio privado, echaba mucho de menos a mis padres. Mi madre únicamente venía cada domingo a visitarme (el único día que se podía) y mi padre solía estar dando la vuelta al mundo en su buque, con lo que mi sensación de extrañeza o falta de cariño se amplificaba un poco más.

Aun siendo un mal estudiante, la geografía se me daba bien, quizás por ser una asignatura más bien mecánica: memorizaba datos y los soltaba. Como tenía una buena memoria, me beneficiaba de ella para, al menos, disimular mi desencanto o mi falta de entusiasmo por la enseñanza y sus rutinas.

Otro de los recuerdos positivos que tengo de esa época tan oscilante en lo emocional pertenece a aquellos sábados por la noche. Era mi momento favorito de cada semana. Nos proyectaban una película, nos dejaban comprar golosinas y yo me sentaba en el palco (y siempre en el palco) a disfrutar del séptimo arte, una pasión que me acompaña hasta hoy. Recuerdo como si fuera ayer ese descubrir y disfrutar del cine en mayúsculas con largometrajes como *Los siete magníficos* (John Sturges, 1960), *Grupo Salvaje* (Sam Peckinpah, 1969) o *Valor de ley* (Henry Hathaway, 1969), de los que sigo disfrutando hoy dada su absoluta calidad atemporal. Quizás esa necesidad de abstraerme de la realidad nos está dando una información bastante valiosa sobre mi psicología, mis emociones y la manera de relacionarme, especialmente conmigo mismo.

CAPÍTULO 3

Still Blazin'

Aunque suene a tópico y manido, la adolescencia es la etapa más difícil en la vida de una persona. Uno suele creerse un hombre, y a menudo debe tomar decisiones como tal, pero sigue siendo completamente inmaduro. En mi caso, quizás consciente de mi propio eterno espíritu infantiloide, me esforzaba por demostrar a los demás lo fuerte, líder y adulto que era. En el fondo, y de eso me doy cuenta ahora, simplemente me lo quería demostrar a mí mismo.

Como explicaba en el anterior capítulo, los curas eran excesivamente agresivos con los alumnos. Aunque la violencia nunca está justificada, lo cierto es que yo era un pésimo estudiante, con lo que en aquel momento podía «asimilar» ciertas acciones para conmigo. Sin embargo, mi hermano siempre fue maduro, ordenado, equilibrado, un gran estudiante, y él también se llevaba azotes. Se lo explicó a mis padres y ellos no eran capaces de entenderlo, por lo que, con catorce años, decidieron cambiarnos a nuevos colegios. Yo fui internado en el La Salle de Bilbao y mi hermano pasó a Formación Profesional, donde comenzó con la electrónica. Él, al contrario que yo, siempre tuvo las ideas claras y luchó por sus sueños. Hoy en día es directivo de una gran empresa.

Mi nuevo colegio era estupendo, la verdad. Un lujo con canchas y espacios para todos los deportes y todo tipo de equipamiento. Los profesores seguían siendo muy exigentes, pero al menos no tenían la mano tan larga como en el lugar de donde venía. En teoría, aquí lo tenía todo para ser feliz, aunque no tardaría en destrozarlo con esa especie de autosabotaje que siempre me acabo aplicando.

Hay una anécdota de aquel tiempo que jamás se me olvidará. En mi primer año en La Salle, suspendí prácticamente todas menos Educación Física y Religión, las más fáciles. Entonces tuve la brillante idea de ir al despacho del director y pedir un boletín de notas, con la —falsa— excusa de haber perdido las mías. Cogí ese nuevo boletín, lo falsifiqué y puse notables y sobresalientes en casi todas las asignaturas. Como era de esperar, cuando mi padre llegó de uno de sus viajes en barco, vio mis notas y sospechó, con lo que me cogió de la mano y fuimos a ver al director. No tuve valor para reconocerle a mi padre que había falsificado las calificaciones, con lo que pasó la vergüenza de oírlo del propio director en persona. Al llegar a casa, mi progenitor me tumbó en la cama, me bajó los pantalones, me amarró los brazos con una corbata y comenzó a azotarme el culo con un cinturón. Por suerte, mi madre oyó el escándalo y le pidió por favor que me dejase, y mi padre paró. Años más tarde, él mismo me pidió disculpas por haberme atizado así. Fue tal humillación para él, un hombre recto y disciplinado, que no se pudo contener y reaccionó así. Ahora, con el filtro de la distancia, lo veo como una anécdota divertida de un niño travieso y creativo, aunque es cierto que en aquel momento me resultó bastante doloroso, más en lo emocional que en lo físico.

Pero, como suelo decir, no hay nada realmente bueno y nada realmente malo, todo es relativo. Gracias a aquello, y a los profesores particulares que me puso mi madre, fui aprobando a trancas y barrancas y me saqué el bachillerato. Es verdad que siempre suspendía alguna, pero la acababa recuperando en septiembre y logré ir pasando de curso como una persona «normal»..., al menos en lo estrictamente académico.

Como ya he mencionado, siempre tenía esa necesidad de proyectar valentía y seguridad en mí mismo o quizás simplemente de llamar la atención para suplir así mis carencias. Es por ello que en esta etapa también llegó el hachís. Yo era el único que comenzó a fumar en mi grupo de amigos. Como ellos eran más formales y pasaban de este tipo de cosas, acababa buscando grupos y pandillas fuera del colegio. Lógicamente, todos estos chicos de fuera eran mucho peores que mis amigos de siempre, pero nunca he podido evitar esta atracción hacia lo prohibido, algo que he interpretado posteriormente como búsqueda de libertad o como compensación por falta de la misma.

Por suerte o desgracia (supongo que por lo segundo), las calles de Bilbao de finales de los setenta estaban inundadas de drogas, algo extensible al resto de España. Siendo prácticamente un niño, iba a la calle Licenciado Poza, conocida también como Pozas, y allí compraba hachís. No sé cómo sonará esto a los chavales de generaciones posteriores, pero en aquella época bastaba con acudir a cualquier bar de esa calle, solicitar hachís y pagarlo. Por supuesto, también me ofrecieron muchas otras drogas, aunque esas no las probé hasta después.

Siempre me he preguntado por qué esa especie de hiperbólica búsqueda de la libertad a cualquier precio y, sin ser psicólogo, supongo que proviene del conservadurismo que siempre se ha vivido en mi casa. Con esto no justifico nada de las cosas que he hecho en mi vida, pero al menos sí me ayuda a comprenderlas, a darles un sentido en la relación más importante, la que uno tiene consigo mismo. Mi madre era afectiva, pero tan aldeana y cerrada que, por ejemplo, nunca me dejó ni siquiera colocar un póster en mi cuarto (recuerdo que estaba deseando poner uno de Mike Oldfield siendo un chaval) y me rompió en mil trozos un disco de la Orquesta Mondragón, que en aquella época eran lo más en el País Vasco.

Alguien dijo algo así como «Poder ser quien eres es la mayor definición de libertad». Pocas frases mejores se me ocurren para mi vida hasta este capítulo, y quizás hasta el resto de mis días. De hecho, a los diecisiete años empezó la parte de mi biografía que ya habéis oído a través de fragmentos en mis redes sociales. Una más adrenalínica, peligrosa y fuera de la ley. Aunque para eso tendréis que pasar al siguiente apartado.

CAPÍTULO 4

The World Is Yours

Acababa de cumplir dieciocho años y mi padre, eufórico porque había finalizado el bachillerato, me regaló una Bultaco Metralla de seis velocidades. En ese momento de mi vida, decidí recorrer gran parte del mundo junto a mi amigo Juan. A mi padre le parecía bien que volara un tiempo solo, pues él tenía la sensación de que eso me convertiría en un hombre. Mi madre, sin embargo, solo se resignaba, ya que sabía cómo nada podía pararme si una idea se me metía entre ceja y ceja. Así que cogimos las motos y allí que fuimos a la aventura.

Iniciamos la ruta de visitas en Inglaterra, tras cruzar el canal de la Mancha. Liverpool fue el lugar donde compré hachís por primera vez fuera de España. Recuerdo palmariamente ir a un pub y preguntar a un camarero dónde podía comprar drogas. El trabajador me señaló unas escaleras y bajé a una habitación totalmente tétrica, húmeda y a oscuras. Allí había un hombre de raza negra de tamaño inmenso, quien me preguntó qué droga quería. Le contesté que hachís, entonces le di veinte libras y me entregó una buena piedra. Al mirar tan atrás, me sorprende cómo era capaz de meterme en según qué lugares sin tener ni el más mínimo miedo. Supongo que la inmadurez o, más bien, esa inconsciencia de la juventud.

Por supuesto, también paramos en Holanda, el lugar donde más tiempo permanecimos. Como era de esperar, disfrutamos de todo tipo de *growshops*.

En Burdeos, Francia, hice amistad con unos tipos que habían huido de la justicia de nuestro país y vivían como prófugos. Eran unos yonquis y con ellos probé la heroína por primera vez. Aún tenía únicamente dieciocho años. Allí vendí la moto, mandé a mi amigo para Bilbao de vuelta y continué mi viaje, a partir de ahora solo, en barco.

La primera vez que pruebas el jaco puedes notar una especie de paz interior inmensa, con lo que es lógico que tanta gente acabara enganchada. El tímido se vuelve extrovertido y todos los problemas, inseguridades y miedos parecen finalizar. De momento, todas tus heridas se sanan y siente esa calma, esa conexión con el éter de la que siempre se habla. Aquello me permitía creerme más grande y valiente, y no era muy diferente de lo que hacían mis amigos, según me contaban cuando llamaba a España. Lógicamente, no mis compañeros del instituto, sino los que había hecho en la calle dentro de lo que yo pensaba que era explotar mi libertad.

De Burdeos fuimos a Norfolk, en el estado de Virginia, Estados Unidos. Nada más bajarme del barco, cogí el primer taxi que vi. El vehículo iba conducido por un afroamericano que debía pesar doscientos kilos, a quien le dije que quería ir al barrio de las drogas. En aquella zona, no me costó dar con un piso de camellos. Ahí estuve hasta que se me gastaron los dólares, durmiendo en el mismo apartamento con más yonquis. Cuando no me quedó ni un centavo, volví al barco y continué mi vida como si nada. Bueno, dentro de la normalidad que podía tener en aquellos momentos donde el caballo galopaba ya por mis venas, como dice la canción.

Brasil fue el país en que probé la marihuana, hierba a la que sigo voluntariamente enganchado, como bien sabéis. Allí compré un bolsón de cien gramos y me lo estuve fumando hasta mi siguiente parada en barco, Polonia. En esa época, aquel era un país comunista y querían comprarte la ropa, el reloj y todo lo que llevases encima, pues allí no llegaban un buen montón de cosas que nosotros sí teníamos. Estuve bastante tiempo por esos lares, incluso tuve una especie de novia o amiga especial de ascendencia griega que se llamaba Tatiana.

Fue en este punto donde comenzaron los problemas para mí, a los que luego me acabaría acostumbrando o normalizando. Después de Polonia estuve en Marruecos, donde compré un kilo de hachís que metí en mi camarote del barco. Sin embargo, no todo fue tan sencillo como había resultado hasta ese instante, pues, al llegar de nuevo a Holanda, varios policías llevaron a cabo un registro rutinario en el barco y, aunque normalmente eran muy superficiales, miraron por toda mi estancia y encontraron la droga en uno de los cajones. Tal como la vieron, me esposaron, me detuvieron y me expatriaron a España.

En Madrid me esperaba la Policía Nacional y, lógicamente, mis padres se enteraron de la historia al completo. Podéis imaginar el enfado de mi padre y su decepción tras haberme dado una educación exquisita, o al menos tras haberlo intentado. Con respecto a mi madre, aún me pregunto cómo no le dio un infarto con todo aquello, y es que su hijo menor había sido expulsado de otro país por poseer una cantidad relativamente grande de sustancias ilegales. Exacto, un completo despropósito por mi parte. Después de eso, me quedé una temporada en casa, aunque tampoco es que eso ayudara demasiado: el caballo había llegado a España para quedarse y ya era una rutina completamente interiorizada en la mayoría de los amigos que había hecho entre callejones, parques y bares de mala muerte, como diría Bukowski.

Estando en casa de mis padres tuve otra de mis «maravillosas» ideas. Ellos poseían un piso en Mondaca, lugar conocido en todo el mundo por tener la mejor ola de izquierda del mundo; es decir, el sueño de cualquier surfero. Un invierno, me fui yo solo a ese apartamento (estaba justo enfrente de la playa) y llamé a una empresa para que viniera a ver todos los muebles. Les pregunté cuánto me darían por todo aquel mobiliario y ellos me dijeron que unas trescientas mil pesetas (dos mil euros de ahora, si hacemos el cambio rápido). Lógicamente, acepté la oferta y me lo gasté todo en drogas. Imaginad la cara de mis padres cuando llegamos al piso en verano y, al entrar, lo encontraron completamente desvalijado, vacío. Mi madre me perseguía por todo el apartamento intentando golpearme y mi padre, de nuevo, se sentía completamente frustrado al no saber cuál era el método perfecto para hacerme entrar en camino. A día de hoy puedo decir que, a grandes rasgos, no hubiera habido ninguna estrategia que me llevara al lugar emocional, físico, laboral y de integración que él soñaba para mí.

CAPÍTULO 5

La senda del perdedor

Viviendo de nuevo con mis padres, las trastadas eran continuas, ya que estaba completamente inmerso en el mundo de la heroína. Al contrario que muchos de mis colegas yonquis, yo siempre me negué a dar tirones a ancianas o a robar joyas a terceros. Todos mis hurtos los llevaba a cabo dentro de casa. Quizás en mi familia la realidad era distinta a la de muchos de los enganchados a la heroína, ya que se trataba de un hogar estable a nivel socioeconómico.

Como ya he mencionado anteriormente, mi querido padre traía todo tipo de cosas de sus viajes al extranjero, y entre esos artículos había cajas de botellas de güisqui de reserva. Un día, como prueba de mi ingenio para todo lo que no sea productivo, bajé al trastero y cogí esas cajas, se las llevé al del bar de enfrente y las vendí. Tal como estáis intuyendo, me gasté ese dinero en drogas con tiempo récord. Cuando mi padre se dio cuenta, me hizo decirle de qué bar se trataba, acompañarlo y darle explicaciones al dueño, a la vez que recompraba todas las botellas de ese güisqui de primerísima calidad.

Mi día a día en aquella época era la heroína y todo lo que ello incluye: conseguir dinero, comprar droga, inyectármela y vuelta a empezar, en una especie de espiral donde solo existe el aquí y el ahora. Cada día me levantaba, le robaba algo de dinero a mi madre (unas dos mil pesetas) e iba al barrio chino de las Cortes, conocido como La Palanca, a buscar mi dosis. Pillar droga allí en aquel momento era tan sencillo como entrar en cualquier edificio y preguntar, ya que la mayoría vendía.

Al revés que mis colegas drogadictos, yo era pulcro, debido a una leve hepatitis que ya había sufrido en el pasado. Por regla general, ibas a uno de estos pisos, comprabas droga, pasabas a otra habitación donde había un cubo de basura lleno de jeringuillas usadas, cogías una, te inyectabas la droga que acababas de comprar y disfrutabas de tu camino de vuelta al paraíso. Yo nunca hice eso, siempre adquiría la jeringuilla en la farmacia, lo que me traía constantes discusiones con mis amigos, porque ellos solo querían comprar y meterse al momento.

Después de chutarme, el colocón me duraba varias horas, en las que me quedaba en aquel barrio viviendo la vida de la calle: peleas, discusiones, pequeñas estafas y trapicheos, lo normal en aquel contexto. Regresaba a casa alrededor de las diez de la noche. Mis padres intentaban mantenerme dentro de casa los fines de semana, pretendiendo lograr un núcleo familiar normal, algo imposible conmigo en aquellos tiempos. Bueno, y casi en el resto de mi vida.

Mis buenas maneras, mi obsesión por la higiene y mi gusto por la ropa óptima me salvaron de muchos líos y, sobre todo, de que mis vecinos y los conocidos de mis padres se diesen cuenta de en qué andaba metido. Aunque no puedo —ni debo— justificar todo lo que hice, lo cierto es que jamás llegué a casa pasado de vueltas ni sucio, nunca hablé mal a mis padres y siempre les di la razón cada vez que me regañaban. Aunque mis diferencias con ellos eran notables (al fin y al cabo, siempre intentaron que fuese mucho más tradicional y recto), solamente puedo dedicarles palabras maravillosas. Me siento muy afortunado de haber tenido unos padres tan cariñosos, comprensivos y pacientes, aun sabiendo el extremo conservadurismo que, muy posiblemente, me hizo buscar sustancias que me abstrajeran continuamente.

CAPÍTULO 6

One Man Army

El servicio militar español dejó de ser obligatorio en 2002. Sin embargo, yo soy de esos a los que le tocó hacer la mili y, bueno, tampoco se puede decir que mi experiencia fuera típica, como tantas otras cosas de mi existencia.

En noviembre de 1982 me llaman para hacerla. Nada más y nada menos que dieciocho meses, o esa era la teoría.

Vamos camino a Ferrol cinco amigos para hacer el servicio y unas horas antes de meternos en el tren, juntos a cientos de chavales que estaban a lo mismo, no se nos ocurre otra cosa que comprar caballo, uno de primerísima calidad. Lo que iba a ser un viaje de colegas y diversión hacia una nueva aventura —o una nueva etapa de nuestras vidas— acabó convirtiéndose en una especie de pesadilla, ya que en el baño de uno de esos vagones tuve mi primera sobredosis y estuve inconsciente desde las diez y media de la noche hasta las seis de la mañana. Aunque, a decir verdad, yo no recuerdo nada. Mis amigos se acojonaron de tal manera que se fueron a sus asientos y me dejaron allí todas esas horas. Por suerte, sobreviví y aquí sigo. Bicho malo nunca muere, como reza el dicho.

Dos horas más tarde de volver a estar consciente, llega el tren a Ferrol, miro por la ventana y veo camiones militares, cientos de soldados con metralletas y todo tipo de parafernalia marcial. Todo tan exagerado, tan hiperbólico y tan intimidatorio que ahí fue otra primera vez: el único recuerdo que tengo de asustarme tanto que tiré el caballo por la ventana del tren y me bajé limpio del vagón. Desde luego, no parecía una situación en la que presentarse con drogas encima resultase la decisión más inteligente. No es que sea el tipo más listo del mundo, pero tampoco soy lo contrario, desde luego.

Pasé cuarenta y cinco días en Ferrol haciendo la instrucción y luego me destinaron a la Comandancia de Marina de Bilbao, a cien metros de casa. Como lo leéis. Eso quería decir que entrábamos a las ocho de la mañana, salíamos a las dos de la tarde y ya hasta el día siguiente. Al final, mi rutina no era muy diferente a la que tenía antes de empezar la mili, con la excepción de esa parte de la jornada. Las drogas y la vida en casa volvieron a mi día a día.

Yo había estudiado auxiliar administrativo y me designaron al registro de buques, donde se matriculan los barcos de recreo y los de pesca. Allí trabajaba un teniente de navío, un subteniente y un administrativo público que se llamaba don Arturo. Aunque el servicio militar era una época donde todos los muchachos iban tirando a duras penas en lo económico, lo cierto es que este fue uno de los momentos de mi vida en que gané más dinero. Y es que el surrealismo parecía perseguirme..., o quizás yo a él. Sea como sea, mis buenas maneras, mi formación mínima y mi óptimo gusto a la hora de vestir amplificaban mi imagen y siempre me beneficié de ello. Si lo analizamos concienzudamente, así ha sido hasta día de hoy.

CAPÍTULO 7

Gimme the Loot

Era enero de 1983 y estaba trabajando (como parte de mi servicio militar *light*) en la oficina del registro de buques. El Gobierno vasco solo permitía construir cuatro barcos al año a cada astillero y, por si no fuese suficiente, de un tonelaje limitado. Entonces don Arturo, beneficiándose de mi supuesta inteligencia y buenas maneras, urdiría un plan para que se fabricaran dos barcos más al año por astillero, además de con el triple de tonelaje.

Comencé a ir por las tardes, vestido de militar y con mi mejor educación. Realizaba las autorizaciones a máquina, cogía los sellos oficiales de la planta de arriba, los estampaba, hacía un garabato y el documento oficial ya estaba listo. Al día siguiente quedábamos en un bar llamado La Golera de Bilbao y los dueños de los astilleros nos daban un millón de pesetas (lo que ahora, al cambio, serían seis mil euros, aunque correspondería a mucho más) por cada autorización. Más tarde, don Arturo y yo nos repartíamos la cantidad al cincuenta por ciento mientras bebíamos Agua de Bilbao, una especie de champán muy popular en aquel local.

Con aquel tejemaneje, y ya con las habilidades plenamente desarrolladas para ello, nos sacábamos unos cinco o seis millones de pesetas al mes cada uno, lo que vendrían a ser entre treinta y treinta y seis mil euros al mes, durante los quince meses que estuve allí destinado. Empecé entonces a vivir como en esos videoclips de rap que veríamos años después (supongo que en eso sí fui un adelantado a mi época): alquilaba coches de lujo, me pegaba las mejores fiestas e invitaba a la discoteca entera. Gastaba en todo menos en ropa y cuestiones que pudiesen dejar rastro en mi casa. Por supuesto, lo primero en lo que quemaba el dinero era en drogas.

Aunque derrochaba lo más grande en cada noche de marcha, lo cierto es que los billetes llegaban más rápido que mi velocidad para despilfarrarlos, con lo que mis padres acabaron descubriendo un buen número de fajos por casa. Tal como cabía esperar, mi padre amenazó con llamar al cuartel y contarlo, aunque (y ahí sí que fui afortunado y él, bondadoso) el miedo a que acabara en una cárcel militar durante años hizo que se frenase. Por supuesto, nunca volví a ver ese dinero; tampoco sé qué pasó con él, aunque su localización a día de hoy me trae sin cuidado.

Tras el negocio del siglo, intenté quedarme como funcionario en el mismo lugar, pero no pudo ser. Ya me hubiera gustado tener ese chollo durante más tiempo; fue como un caramelo (uno grande y explosivo en sabores) que te ponen en la boca y luego te quitan. Más tarde me enteré de que don Arturo se había jubilado. Mejor dicho, el rumor de que pasaban cosas raras con las autorizaciones de fabricación se había extendido y don Arturo, quizás aconsejado, pasó a cobrar la pensión...

En ese momento, y siendo apenas un chaval, me di cuenta del dinero fácil, de lo sencillo que es corromperse, de cómo quien hace la ley también hace la trampa, de que muchas de las personas más respetadas de la sociedad (caso de don Arturo) se vestían de oro «sucio» bajo la apariencia de ciudadanos ejemplares. Algo que todo el mundo sabe en su adultez, pero que comprobé (y formé parte de ello) siendo poco más que un adolescente. Un conocimiento práctico quizás demasiado dañino para alguien que, como yo, aún estaba formando su personalidad.

CAPÍTULO 8

Entra Scarlett

Con don Arturo obligado a jubilarse y con mis planes de ser funcionario yendo al traste, decidí empezar de cero y mudarme a Donostia, San Sebastián. En el fondo, siempre había habido dentro de mí un deseo de dejar la heroína y ser alguien respetable —incluso en lo más íntimo y personal—, aunque nunca he sido lo suficientemente fuerte, estable ni constante. También he de reconocer que la heroína iba de la mano de numerosas aventuras (por utilizar un eufemismo) a las que estaba más enganchado que a la misma droga. Digamos que esa adrenalina era mi verdadero vicio, y solo llegaba a través del caballo.

Como tenía el título de auxiliar administrativo, miré ofertas de trabajo en los periódicos y no me costó encontrar trabajo y mudarme con ciertas facilidades. Entré en una empresa de seguridad bastante grande y, entre mi formación y mis maneras, me resultó fácil ganarme a los que allí trabajaban, especialmente a los superiores. Esta temporada fue una especie de hiato en mi trayecto vital, ya que durante unos cuatro meses no consumí heroína, lo que durante ese lapso me convirtió en alguien abierto, receptivo y feliz.

Y justo en ese estado emocional conocí a Scarlett, alguien que sonará mucho a mis seguidores de Instagram. Solía ir a tomar café a un bar muy popular llamado Udaberri, que aún sigue abierto, y allí la vi: alta (un metro con setenta y cinco centímetros), pelo muy largo, delgada y con un gusto exquisito por la ropa y las grandes firmas, algo que tenía en común conmigo. Poco a poco comenzamos a charlar, hasta que se fraguó una pequeña amistad entre nosotros. Al fin y al cabo, éramos dos personas de edad similar (aunque ella tiene cuatro años más que yo), huyendo de sus respectivos pasados e intentando reconstruir algo parecido a un presente. He de decir que ambos veníamos de buena familia, aunque la suya era especialmente poderosa. Scarlett provenía de una de las familias más ricas del País Vasco, con conexiones empresariales muy fuertes en Estados Unidos. Y aunque todo pintaba a las mil maravillas, había un pequeño hándicap: Scarlett consumía muy poca heroína, pero mucha cocaína.

Un día como otro cualquiera, Scarlett apareció en el Udaberri con una BMW 1000 RR. Como yo contaba con carné de moto y coche, no tuve ningún pudor en conducirla y darnos un paseo juntos. Un recorrido a dos ruedas que resultó portentoso, o al menos lo fue hasta casi el final. La BMW nos hizo un intento de gripaje, la rueda de atrás se quedó bloqueada y estuvimos casi doscientos metros yendo de izquierda a derecha sin control, hasta que pisé el embrague y pude controlarla y parar en el arcén. Una vez bajados y aún sudando y nerviosos, Scarlett me dio un abrazo que recuerdo como si fuese ayer mismo, me miró a los ojos y nos besamos como si fuese la mejor película romántica de todos los tiempos. De alguna manera, fue como volver a nacer: justo lo que estábamos buscando de manera metafórica acababa de ocurrir de manera real y física. Si hubiera que poner fecha al inicio de nuestra relación, sería justo en ese momento, tras el casi accidente de moto. Ese fue el comienzo de una de las etapas más emocionantes, imprevisibles y alocadas de mi vida, con Scarlett de la mano.

CAPÍTULO 9

Bad Boys de Marseille

En el capítulo anterior subrayaba que Scarlett no consumía heroína, pero sí cocaína, aunque es una afirmación con matices. La coca que llegaba —y que suele llegar— a España era —es— de pésima calidad (nada que ver con la que se consume en países como Colombia), con lo que, tras su efecto, otorgaba un estado de ansiedad y depresión completamente agotador. Por ello resulta habitual fumar caballo cuando se entra en esta fase emocional, para compensarla y no sufrir ese desánimo y abatimiento que va de la mano tras la euforia por el consumo de coca.

Y la mejor heroína que había en Europa estaba en Marsella, tal como me habían contado los yonquis mayores que yo. Entre mi enganche y la dependencia emocional de Scarlett por esa sustancia, allá que cogimos un coche y nos fuimos a la ciudad francesa. Si os preguntáis por mi trabajo, debo aclarar que nunca duraba en uno más de un año o dos. A causa de mi adicción, no tardaba mucho en acabar robando algo de dinero o realizando alguna pequeña estafa, daba igual mi elocuencia, facilidad de palabra y buenas maneras, antes o después, por mucho cariño que me hubiesen cogido los jefes, me acababan despidiendo.

Dicho y hecho, Scarlett y yo nos presentamos en la Belle de Mai, uno de los barrios más pobres y peligrosos de Marsella, también donde circulaba la mejor droga de la ciudad y, por extensión, de Europa. Nuestro contacto era Mohamed, conocido de uno de mis habituales camellos de Donosti, quien nos esperaba en el lugar señalado con un coche destartalado para, según suponíamos, no llamar la atención. Allí nos entregó un cuarto de kilo de heroína y la misma cantidad de cocaína, que abrimos y revisamos. Y cuando comprobamos que todo estaba correcto, Scarlett me dijo muy suavemente, en castellano, que íbamos a largarnos sin pagar a la de tres, casi como si se tratara de una especie de juego macabro. Mohamed, al igual que la mayoría de franco-marroquíes, solo hablaba francés y árabe, con lo que no entendió una palabra, aunque absolutamente todo en aquel momento formaba parte de una serie de riesgos completamente innecesarios y gratuitos.

Corrimos al coche. Scarlett tenía las drogas y yo me puse al volante. Mohamed, estupefacto durante unos segundos, nos miraba sin parpadear; estaba claro que era lo último que se esperaba de un par de nuevos clientes con poca experiencia. Tras esa pausa, salieron varios de sus acólitos hasta debajo de las piedras, se metieron todos en aquel viejo coche y comenzaron a perseguirnos mientras gritaban insultos inteligibles en árabe.

Fue en ese momento cuando ocurrió uno de los momentos más terroríficos de mi vida: un disparo penetró por la luneta y salió por el parabrisas, muy cerca de nosotros, sin romper el cristal del todo pero llenándolo de diminutas grietas. Pude sentir, y lo recuerdo como si fuese hace solo unos minutos, el significado del verdadero pavor, un sudor frío cayendo por mi frente y la adrenalina más pura. Scarlett, tras ese instante, tuvo un gesto que luego se repetiría más veces en nuestras vidas: me agarró los testículos y, mirándome a los ojos muy seriamente, me dijo «O aceleras o no salimos de esta». El disparo provenía del copiloto, otro tipo de aspecto árabe y con mucha peor planta que el propio Mohamed, que ya era decir.

Tras menos de diez minutos callejeando a toda velocidad, conseguimos entrar a una especie de autovía que conectaba con una autopista. Ahí, con Mohamed y los suyos completamente perdidos de vista, comenzamos a respirar tranquilos, aunque seguimos conduciendo casi una hora al máximo que permitían las señalizaciones. A pesar de que ya todo parecía bajo control, había que desdibujar cualquier posibilidad de ser encontrados por el tipo que nos había vendido (o más bien, que lo había intentado) las sustancias. Y también por sus socios, claro está.

Aunque toda esta historia con la que casi morimos no tiene mucho sentido desde el punto de vista de alguien racional, si adquiriría su lógica si conocierais a Scarlett. Ella jamás podía pasar desapercibida. Su necesidad de atención era tan descabellada que algunas veces, como en la historia que aquí narro, iba de la mano de jugarnos la vida, literalmente. Su atractivo físico, imprevisibilidad e inteligencia fuera de lo común me tenían tan enganchado como la mejor de las heroínas, quizás por ello soportaba este tipo de locuras inherentes a acompañarla de la mano por la vida. Magia y locura, carisma y atractivo, alta costura y fumar caballo tras el efecto de la coca: así era Scarlett, una diosa llena de contradicciones. Aunque supongo que yo no andaba muy lejos de eso.

CAPÍTULO 10

9 meses en el paraíso

El plan era vender todo lo que habíamos traído de Marsella, aunque al final nunca lo cumplíamos. Nuestra idea inicial siempre era sacar el máximo beneficio económico, pero luego acabábamos invitando y haciendo fiestas. Aunque no éramos los camellos más ricos de Donosti, si nos convertimos en los más populares. Y ser popular en un país desarrollado alimenta el ego igual o más que el dinero.

Como todo el mundo sabe, el mejor hachís del mundo se encuentra en Marruecos. De ese modo, nuestros viajes al país del norte de África se convirtieron en habituales. Alquilábamos un Golf GTI Rabbit descapotable —a poder ser, el más potente posible— y bajábamos con él hasta Cádiz. Ya en la provincia más al sur de España, íbamos a El Puerto de Santa María, donde cogíamos el ferri hasta Tánger.

Una vez en Marruecos, conducíamos con la capota bajada hasta Chefchaouen, un precioso pueblo donde hacíamos turismo un par de días antes de proseguir con nuestra misión. Tras un poco de relax y esparcimiento, Scarlett y yo volvíamos a coger el Golf y nos movíamos con él hasta la casa de nuestro contacto, que estaba a dos horas del pueblo adentrándonos hacia las montañas.

Corría el año 1986 y, desde luego, no se podía decir que fuéramos los únicos que íbamos a comprar hachís a las plantaciones de aquellos montes. Tanto es así que lo normal era que marroquíes intentaran perseguirte con sus Renault 12, sacarte de la carretera y quedarse con todo tu dinero antes de llegar a alguna de las plantaciones para llenar tu cargamento. No hubo una sola vez que bajáramos a Marruecos y no se produjeran esas persecuciones a lo Steve McQueen. Durante veinte minutos solíamos tener a esos Renault desguazados detrás de nosotros intentando echarnos de aquellas vías tercermundistas llenas de curvas y persiguiendo lo que para ellos era mucho dinero. Por suerte, contábamos con la velocidad de nuestro Golf. La mayoría de esas carreras en plan *A todo gas*, aunque con contexto ochentero, acababan de la misma manera: Scarlett agarraba mis partes y me pedía que pisara el acelerador a fondo si no queríamos terminar completa y absolutamente desvalijados o, pero aún, muertos.

A pesar de la tensión y el estrés de ser perseguidos (algo que formaba parte del binomio entre ansiedad y euforia que tanto nos enganchaba), el gran camello siempre nos atendía como reyes cuando llegábamos a sus plantaciones. Éramos agasajados con frutas, frutos secos, carnes, tés y zumos mientras comprábamos el hachís, una transacción que estaba lejos de ser una compraventa normal.

El gran camello tenía trabajando para él a un montón de niños de no más de diez-doce años, quienes se dedicaban a darle forma al hachís en dos figuras diferentes: una especie de bala y unas bolas de unos veinticinco gramos. Las pequeñas se ingerían por la boca y las grandes se introducían analmente. Así era como podíamos traer la droga de vuelta a España, una técnica ya de sobra conocida.

Una vez en España, conducíamos hasta Euskadi. Obviamente, introducirnos hachís así por nuestro cuerpo nos dejaba el estómago dañado varios días, pero suponía un buen negocio (aun reconociendo que Scarlett y yo éramos dos camellos bastante generosos), nos daba la dosis de aventura que buscábamos implícitamente y teníamos para consumir. Una espiral de locura. En aquellos tiempos me parecía todo muy divertido; hoy, con el filtro de los años, veo que podíamos habernos quedado por el camino en demasiadas ocasiones.

CAPÍTULO 11

El pico 2

Cuando llegábamos a El Puerto de Santa María en el ferri, había que conducir a toda velocidad hasta Donosti, y no era por capricho. Más de treinta horas con un montón de piezas de hachís dentro del cuerpo empezaban a surtir efecto: dolores estomacales y todo tipo de calambres que iban a más. Por si no fuese suficiente, durante ese tiempo no podías beber apenas agua ni, por supuesto, comer nada. Era la única manera de no ir al baño durante todas esas horas, algo que se acababa haciendo eterno.

Las bellotas de hachís de calidad eran —y son— un negocio inmenso. Sin embargo, nosotros seguíamos siendo los camellos más generosos y los que se pegaban las mejores fiestas. Todo muy *cool*, sí, pero no teníamos el dinero que deberíamos. De cualquier modo, se trataba de nuestra elección (fuésemos conscientes o no).

Más allá de la venta de hachís, Scarlett y yo éramos unos buscavidas de nivel, unos *hustlers*, como dirían los *rappers* norteamericanos. Los ochenta en el País Vasco eran tiempos fáciles para espabilados. Cualquier persona de tu alrededor con poder adquisitivo resultaba objetivo de pequeñas estafas y sutiles embustes. Así, las transferencias de dinero de otras personas hacia nosotros eran diarias. De nuevo nuestro buen gusto con la ropa y nuestras exquisitas maneras se convertían en el envoltorio perfecto donde esconder todo tipo de triquiñuelas que jugaban económicamente a nuestro favor, al menos a corto plazo.

Con respecto a la venta y al consumo de drogas, era una época fácil y placentera para los que estábamos en ese lado de la ley. El cuerpo de policía (luego llamado Ertzainza) y la Guardia Civil no se metía con nosotros; podría decirse que nos ignoraban por completo. El terrorismo estaba en uno de sus puntos más álgidos y absorbía toda preocupación, algo lógico, aunque tal detalle contextual provocó que el consumo de caballo se fuese completamente de las manos. Había tanta heroína en el País Vasco en los años ochenta, especialmente en Bilbao, que pasear por algunos barrios era como visitar el set de una de las mejores películas de zombis de George A. Romero.

Una desgracia añadida (por mucho que nosotros formáramos parte de ella) a la que se sumó la llegada del VIH. El virus de inmunodeficiencia humana se llevó a casi toda una generación. Por supuesto, eliminó a tantos amigos míos que me faltarían dedos de las manos —y de los pies— para poder contarlos. De hecho, solo me queda vivo un colega íntimo de aquellos tiempos, los demás se fueron al cielo de los yonquis entre los años ochenta y la primera mitad de los noventa. Afortunados los segundos, que fueron los más longevos.

Había un dicho popular en las calles en aquella época que decía: «Todos los que consumimos acabaremos en el psiquiátrico, en el cementerio o en la cárcel». Una triste frase que terminamos desgastando de tanto usarla, aunque no por ello dejaba de tener razón. Más aún viéndolo desde el aquí y el ahora.

CAPÍTULO 12

Money Ain't a Thang

Scarlett conoció a un par de marroquíes que se querían instalar en el País Vasco y unirse al lucrativo negocio de la droga como camellos. Ella intermedió para que alquilaran un piso ahí. De nuevo su buen aspecto físico y porte jugaron a nuestro favor, pero estos dos jóvenes no sabían que Scarlett, granuja, muy inteligente y siempre un paso adelante, se había quedado con una copia de las llaves del piso.

Los dos chavales comenzaron a hacer dinero vendiendo cocaína y heroína. Empezaron a acomodarse y a disfrutar de las mieles de una economía completamente desahogada. Fue entonces cuando Scarlett empezó a llevar a cabo su plan.

Su idea resultaba sencilla pero efectiva (menos siempre es más, ¿verdad?). Una vez al mes, ambos camellos pedían a Scarlett que los llevara de fiesta por ahí, algo que duraba entre tres y cinco horas. En cuanto ella conocía el horario y la hora de quedada (bar, discoteca o prostíbulo, cuando no una ecléctica mezcla de todo), me llamaba y me daba la información. Era entonces cuando, aprovechando que no había nadie en el piso, me acercaba al lugar, abría tranquilamente la puerta y me hacía con todo el dinero y las drogas.

Recuerdo a la perfección esa primera vez que estuve allí completamente a solas. Tras más de veinte minutos buscando sin éxito los billetes y las sustancias, me senté frustrado y con la adrenalina a tope en una silla de la cocina. Ya casi había dado por imposible encontrar el botín, pero me fijé en que la rejilla del extractor estaba movida. Cogí esa misma silla, me subí en ella, alcé la mano y vi que ahí se ocultaba todo. Nada más y nada menos que nueve mil euros (si lo cambiamos a la moneda de hoy), unos cincuenta gramos de coca y unos noventa de caballo. Puse la rejilla en su sitio, como si no hubiese pasado nada, y me fui tranquilamente con mi pequeño tesoro de ilegalidades.

Por supuesto, Scarlett y yo siempre terminábamos consumiendo esas drogas, invitando a los amigos, comprando ropas de primeras firmas y vinilos de los mejores grupos. Al otro día de dar el palo, acudíamos al piso alquilado por los marroquíes como si nada hubiera pasado y los encontrábamos hipernerviosos, muy alterados, hasta que finalmente nos reconocían que alguien había entrado en su ausencia y se había llevado el dinero y las drogas.

A la tercera o cuarta vez de repetir la acción, los chicos se buscaron otro piso, aunque en esa franja de tiempo pudimos quitarles una más que respetable cantidad de sustancias ilegales y de efectivo. Mirándolo desde la perspectiva del tiempo y con la madurez de hoy, que tampoco es que sea mucha, los chicos me dan un poco de pena, aunque en aquel momento me aportaron la cantidad de diversión, aventuras, billetes y drogas que necesitaba.

CAPÍTULO 13

Ámsterdam y Róterdam

Aunque mucha gente no lo sabe, como tantos otros detalles de mi vida, en numerosas ocasiones subíamos en coche a Holanda (concretamente, a Ámsterdam y Róterdam) para comprar droga. Allí nos instalábamos en un hostal normal (los hoteles nunca pueden ser muy buenos ni muy malo, para no llamar la atención) y así empezábamos nuestra misión.

Deambulábamos por los tan populares *coffee shops*. Cualquier que haya estado por allí sabe que es muy fácil conseguir otra droga más allá de la marihuana. La gente simplemente te entraba y entonces le indicabas que querías una cantidad un poco mayor, el nombre de nuestro hostal y el número de habitación. Un par de horas más tarde, aquella persona que acabábamos de conocer en el *coffee shop* se presentaba en nuestra dirección y nos enseñaba lo que tenía, aunque siempre ocurría el mismo problema: de primeras, la calidad de lo que traían (heroína) no era buena. Se lo decíamos educadamente y volvían a irse en busca de una de mejor clase. El camello volvía dos o tres horas más tarde y ya sí nos presentaba algo de mayor nivel.

En Ámsterdam y Róterdam también comprábamos *speed*, anfetamina pura, una droga muy de moda en Euskadi para la gente que no consumía otro tipo de sustancias. Llegados a un punto, podríamos decir que su uso era *cool* en diferentes estratos sociales durante la década de los ochenta.

Las transacciones con los holandeses siempre eran fáciles y sencillas. Los tipos que nos vendían la mercancía solían comportarse de manera agradable y educada, nada de gente con pistolas o personas peligrosas y a la defensiva. Quizás por ello también nos gustaba tanto subir a Holanda. Al fin y al cabo, se trataba de una especie de hiato en la adrenalina de nuestras vidas, un viaje pacífico, sosegado y tranquilo que nos brindaba el sustento económico para nuestros alocados trayectos vitales. Por norma general, bajábamos con doscientos gramos de caballo y con unos cien de *speed*. Nada de cocaína en nuestros viajes a Holanda.

El camino de vuelta era sumamente tranquilo, aun siendo un buen puñado de horas. La droga iba bien escondida en el maletero, mil veces más cómodo —y saludable— que llevarla dentro de nuestros cuerpos. Aunque había controles, como en la frontera con Francia, estos eran bastante superficiales. Además, como regla constante, nuestro buen aspecto y nuestras formas nos libraban de toda sospecha.

Estos trayectos a Holanda eran tan tranquilos y carentes de sobresaltos que los asumíamos como un viaje de dos comerciales de algún tipo de marca registrada en toda regla: llegas a la ciudad, compras y te vuelves sin ningún tipo de susto o potencial intranquilidad.

Luego, una vez en Euskadi, vendíamos la droga y seguíamos con nuestro estilo de vida superficial e inmaduro. Fiestas, consumiciones, buena ropa, algún hotel caro y un nuevo elemento que entraría en nuestras vidas: los viajes a Marbella, entonces en boca de toda España y, probablemente, de toda Europa.

CAPÍTULO 14

Qué tendrá Marbella

Llegados a un punto, éramos demasiado conocidos en Donostia; lo éramos para la gente común y también para nuestras familias, que no dejaban de recibir llamadas para ponerlas al día de nuestras idas y venidas. A pesar de todas las historias que cuento aquí, la mayoría bastante poco éticas vistas desde la distancia, lo último que Scarlett y yo queríamos era hacer daño a nuestros padres y hermanos.

Estábamos ya en los años noventa y en nuestras conversaciones salía el nombre de Marbella día sí y día también, algo poco extraño por aquella época, pues podías coger cualquier revista sobre la alta sociedad, aleatoriamente, y allí salía por todas partes aquella ciudad costasoleña: las mejores fiestas, los locales más glamurosos y las celebridades del momento. Justo lo que nos gustaba, en nuestra ingenua superficialidad.

Tras una de esas menciones espontáneas a Marbella, hicimos las maletas, nos montamos en el coche y nos fuimos para allá sin conocer nada del lugar ni tener ningún contacto. La ciudad (aunque más bien es una ciudad en verano y un pueblo en invierno) emanaba justo lo que esperábamos: el dinero flotaba en el aire y podías verlo en cada metro cuadrado, a cada segundo, mirases a donde mirases.

Aunque mucha gente reduzca Marbella a Puerto Banús, es mucho más, con un precioso casco antiguo y multitud de calles típicas andaluzas por las que perderse. A los cuatro o cinco días de instalarnos en el apartamento que habíamos alquilado, empezamos a darnos cuenta de que las personas adineradas eran muy confiadas y descuidadas con sus bolsos de Louis Vuitton, Gucci, Prada o Goyard, también con la tecnología. Dabas un simple paseo y veías cómo los ricos turistas dejaban sus bolsos, sus cámaras de foto y vídeo o sus carteras tranquilamente en la arena mientras se pegaban un reposado baño o un largo paseo. Lógicamente, ese relax era una mina para Scarlett y para mí, pues no dudábamos en hacernos con todo ello. Había días que nuestros beneficios mediante la usurpación sumaban una auténtica locura.

Como cabía esperar, en poco tiempo fuimos a más. También nos dimos cuenta de que los turistas bien posicionados dormían plácidamente con las ventanas y los balcones abiertos, por lo que también entrábamos a esos apartamentos y chalés a llevarnos sus objetos de valor. Era tan sencillo como conducir de madrugada, elegir una urbanización y ver qué vías de acceso permanecían abiertas a la calima veraniega. Entonces entraba, cogía los bolsos, carteras y aparatos tecnológicos (repito, todo esto mientras ellos dormían) y me volvía al coche a hacer balance del botín.

Había veces que en una sola de estas entradas podíamos hacernos con más de ocho mil euros, entre accesorios de primeras firmas, dinero en efectivo, cámaras y reproductores de música. Un filón para personas como Scarlett y yo no solo por el beneficio económico, sino también por la rapidez y sencillez del procedimiento.

Pero también ganábamos dinero de manera legal (y es que, repito, este estaba por todas partes). Scarlett hablaba perfectamente inglés (no en vano, era nativa) y muchas veces entablaba amistad con turistas extranjeros, a los que enseñábamos la Costa del Sol y nos pagaban por ello. Conducir un Mercedes de la gama más alta, que te inviten a los mejores restaurantes y encima que te paguen setecientos u ochocientos euros por pasar un día con una familia mientras les muestras Marbella, Fuengirola, Benalmádena, Estepona o Mijas.

Nuestros primeros meses en la Costa del Sol fueron tan divertidos como lucrativos. Era la época de Jesús Gil como alcalde de la localidad y aquello parecía una especie de orgía que atraía peculio con una fuerza incontrolable. Por supuesto, esa atracción de personas acaudaladas de todo el mundo también hacía que fuéramos nosotros, quienes estábamos al otro lado. Y es que el mundo tiende a equilibrarse por sí mismo, o eso dicen, ¿no?

CAPÍTULO 15

Get Rich or Die Tryin'

En Marbella ocupábamos un amplio apartamento al final del paseo marítimo en dirección a Fuengirola. Sí, era de todo menos un mal sitio. Nuestro piso tenía tres dormitorios, una cocina pequeña, un salón grande y una amplia terraza con vistas al mar. Tanto Scarlett como yo nos habíamos hecho tiempo atrás a ciertas comodidades y, tras conocer la buena vida, resultaba difícil regresar a un entorno, digamos, más de barrio.

En uno de nuestros habituales viajes mostrando la Costa del Sol (aunque más bien era la provincia de Málaga, porque muchas veces llegábamos hasta la preciosa ciudad de Ronda), uno de nuestros adinerados clientes nos dijo que le gustaría pagarnos por vigilar su urbanización, que constaba de unos cuatro chalés, de noche y durante los quince días que durarían sus vacaciones. Acepté el trabajo, por supuesto, aunque siempre con la mira puesta en nuestras pillerías. Así, una de las noches, entré a uno de los garajes de la urbanización y allí vi un BMW cuyo maletero estaba cerrado pero sin la llave echada. Lo abrí y encontré una ostentosa maleta de piel de Ubrique con un montón de talonarios a nombre de un arquitecto británico. Supongo que esa persona era el propietario de aquel vehículo, tal como dicta el sentido común y la lógica.

Agarré un buen puñado de esos talonarios en blanco y ya podéis imaginaros lo que estuvimos haciendo en los días sucesivos. En aquella época, por cobrar un talonario de menos de quinientos euros no te pedían ningún documento, con lo que nos inventábamos un DNI que escribíamos detrás y nos pasamos varios días seguidos yendo de banco en banco. Para no levantar sospechas, siempre acudíamos a la misma entidad bancaria con la que trabajaba el arquitecto, por lo que acabamos recorriendo toda Málaga y llegamos incluso a la provincia de Cádiz cobrando estas cantidades. Hubo días que hicimos hasta seis mil euros (en pesetas de la época, claro está).

Y así fue hasta una semana después, cuando Scarlett acudió a cobrar uno de los últimos talonarios (le había dicho que no debíamos hacerlo más, que el propietario ya estaría al tanto) a una entidad situada en un pueblo menos conocido de la costa malagueña (creo recordar que en La Cala de Mijas y, mientras esperaba en el coche, la escuché gritar de lejos mientras se acercaba corriendo en mi dirección. Y es que el arquitecto, al darse cuenta del chanchullo, lo había denunciado y las alarmas saltaron al intentar Scarlett recaudar sus últimos talonarios.

Salimos del pueblo a toda velocidad en dirección a Marbella, dejando el mar a la izquierda sumido en un extraño contraste: el estrés y la adrenalina de una huida (aunque nadie nos perseguía; al menos que nosotros alcanzáramos a ver) y la belleza del paisaje. Casi como si se tratara del *Grand Theft Auto: Vice City*, ese videojuego inspirado en *Scarface*, la joya de Brian De Palma de 1983. Delincuencia, palmeras, la brisa de la playa y camisas hawaianas de Versace.

Como resulta habitual, el dinero que llega rápido y sin esfuerzo se va rápido y sin esfuerzo, valga la redundancia. Ropas de firma (tan fáciles de adquirir en el encalado y pulcro Puerto Banús), fiestas y restaurantes. Fue en esta época cuando nos aficionamos a pasar las noches en Olivia Valère, la discoteca más conocida, glamurosa y llena de celebridades del momento; también la más cara, dicho sea de paso.

CAPÍTULO 16

Sunydeis

Nuestro día a día en Marbella, cuando no teníamos jaleos ilegales, era bastante normal. O más que normal, era exquisito. Por regla general, nos levantábamos sobre las diez de la mañana, pero sin despertador, y es que no hay mayor libertad que despertarse cuando el cuerpo te lo pide, cuando estás completamente descansado y cuando los rayos del sol empiezan a entrar con fuerza a través de las persianas y las cortinas.

Nos montábamos en el coche y conducíamos hasta Puerto Banús, que está a muy pocos kilómetros de Marbella, tan cerca que incluso se puede ir caminando. Mucha gente, de hecho, acostumbra a dar una plácida caminata de casi media hora entre las playas de Marbella y Banús, por un camino que hay justo cuando acaba el paseo marítimo de la ciudad que en su día estaba dirigida por Jesús Gil y que conecta los dos lugares. Abajo dejas el mar y arriba, Nueva Andalucía, una de las zonas con el metro cuadrado más caro de España, enclave donde pasan sus vacaciones numerosas celebridades y políticos de toda índole.

Una vez allí, pagábamos por estacionar nuestro coche (normalmente, un BMW descapotable alquilado, o cualquier otro vehículo de alta gama) en el mismo puerto deportivo, justo delante de los inmensos yates de los multimillonarios de todo el mundo. Y ahí desayunábamos, con los barcos delante, las tiendas de las primeras firmas a los lados y, por supuesto, unos cafés con cruasanes a precio de oro blanco, diamante o platino.

Para comer al mediodía no era muy diferente, algún buen restaurante de la zona, de esos cuya presentación, decoración y precio resultaba mucho mejor que la calidad de los platos. A decir verdad, me suponía un placer para los sentidos ir a pasar el día con Scarlett a Puerto Banús. Pasear con una chica de tan buen aspecto en un contexto tan superficialmente elegante me hacía sentir muy bien, digamos que realizado, conforme a los estándares que la sociedad capitalista califica como «éxito», por mucho que en el fondo fuéramos dos pequeños delincuentes correctamente maqueados.

En Puerto Banús, gracias al inglés de primer nivel de Scarlett, siempre hacíamos amistad con algún grupo de norteamericanos, de ingleses, de alemanes o de árabes y nos acababan invitando a un día aún mejor del que ya teníamos planeado. Por supuesto, nuestras miras siempre estaban puestas en intentar sacar dinero extra de ellos, bien como guías turísticos de alta gama o bien quedándonos con algo que les pertenecía, como os podéis imaginar.

Afirmo, sin temor a equivocarme, que Marbella fue el lugar de toda mi vida donde más dinero gané y donde con más facilidad lo conseguí. Aunque suene a metáfora manida y sobada, el dinero se respiraba en el ambiente, y allí estábamos Scarlett y yo para hacer una ilegal transacción desde las manos de sus legítimos dueños a las nuestras.

También en esta época empezamos a parar en Sotogrande, lujoso puerto situado en Cádiz y rodeado de numerosos campos de golf y buenos restaurantes. Un lugar igualmente precioso, pero del que guardo recuerdos agridulces... Y es que todo tiene un principio y un final.

CAPÍTULO 17

All That I Got Is You

Podríamos decir que ya nos habíamos acostumbrado al día a día de Marbella. A menos que estuviésemos muy ocupados con alguno de nuestros planes (a ver, tampoco es que fuésemos los protagonistas de una película de Martin Scorsese), nuestra rutina solía ser la misma: buenos sitios para desayunar, también para almorzar y cenar, y grandes fiestas a la noche. Todo eso adornado de buenas prendas, como esos regalos donde el papel del embalaje es precioso pero poco o nada de valor tiene lo que hay dentro.

Quizás por ello habíamos empezado a llegar hasta Sotogrande, un lugar que nos resultaba menos visto y que seguía impregnado de ese halo de glamur que tanto nos gustaba en nuestra inmadurez. Si había alguna fiesta que mereciera la pena o una gala benéfica, allí que nos poníamos nuestras mejores prendas y nos acercábamos a ese precioso puerto perteneciente a la provincia de Cádiz, aunque conocido en toda España.

Como siempre, nuestra educación y nuestras ropas ostentosas nos mimetizaban con el lugar y los allí presentes, por lo que nadie podía sospechar de que éramos lo que éramos. A decir verdad, y en un alarde de sinceridad desde la perspectiva del tiempo, quizás tampoco distábamos mucho de lo que había ahí. Ellos hacían lo mismo que nosotros pero a gran escala (por ejemplo: en vez de alquilar un buen coche, sencillamente lo compraban). Si nuestras integridades hubiesen sido diametralmente opuestas, no hubieran empatizado con nosotros, o entonces nos tendrían que haber otorgado un Óscar de la Academia.

En la última de esas fiestas fue la última vez que vi a Scarlett, valga de nuevo la redundancia. Así ha sido hasta hoy. Y aunque suena a aventura ideal para contar en las redes sociales, lo cierto es que me entristece, por mucho que hayan pasado décadas de aquello.

Era una fiesta con exhibiciones de caballos y había un montón de italianos con camisas blancas, extremadamente bronceados, mayores que nosotros y con aspecto de muy muy ricos. Uno de ellos era Flavio Briatore, el multimillonario que fuera directivo del equipo Renault de Fórmula 1 hasta 2009. El único al que yo era capaz de poner nombre, aunque el resto no parecía diferente.

Scarlett, quien siempre iba siete pasos por delante, ya había establecido contacto con ellos y siempre nos invitaban a cosas como Dom Pérignon, Curvoisier, los mejores vinos posibles o habanos como Cohiba, Montecristo, Romeo & Julieta o H. Upmann. Vamos, resultaba un lujo permanecer cerca de ellos, aunque ahora lo vea como un recuerdo absolutamente agridulce.

En una de esas, yo estaba hablando con turistas españoles y Scarlett hacía lo propio con los italianos, en un grupo donde estaba de nuevo Briatore. Durante toda la hora de antes la había visto bailar con él, pero siempre he intentado ser un hombre progresista, liberal, que no se deja llevar por los celos gratuitamente, con lo que no me alarmé. Al menos intenté que no se notara. Aunque tampoco soy estúpido.

Desde la distancia que nos separaba, no más de cien metros, advertí cómo los italianos se despedían del resto, seguramente para volverse a sus mansiones u hoteles de máximo lujo, y entonces me di cuenta de que Scarlett miraba hacia mí, pero sin hacerlo directamente a mis ojos, evitando cualquier contacto visual directo. Unos segundos, cuando volví a mirar hacia ella, observé su sexi y maravillosa figura acercándose hacia mi persona. Jamás podré olvidar ese movimiento de caderas, ni los tacones que llevaba, ni aquel bolso grande de Louis Vuitton que le colgaba del brazo.

Entonces se acercó a mi oído y me dijo solo una frase: «Me voy con Flavio». Se giró, volvió con su implícitamente erótico contoneo hacia el grupo de italianos y nunca más volví a ver a la que, al menos hasta entonces, había sido la mujer de mi vida.

En este punto, me gustaría reconocer que le contesté algo para quedar por encima, o que esa misma noche me acosté con una modelo famosa y la situación no me afectó en absoluto, pero nada más lejos de la realidad, pues permanecí paralizado al oír aquella frase y, completamente inmóvil, observé cómo ella se largaba con este multimillonario italiano exageradamente bronceado, un moreno anaranjado que llamaba aún más la atención con una camisa blanca larga que llevaba por fuera y que tapaba su bañador rosa pastel casi entero.

Los siguientes minutos fueron extraños, como si uno lo estuviera viviendo a través de un cristal, como si la realidad misma no pudiera resultar tan dura. Supongo que el cerebro te deja en esa especie de limbo para protegerte, ahí donde uno casi no sabe qué es o no realidad. Por desgracia, todo fue verdad. Vaya si lo fue.

Llegué al apartamento que teníamos frente a la playa y me senté en la terraza a esperar que Scarlett llegara, algo que nunca ocurrió. Entonces me drogué hasta perder casi la conciencia y mi siguiente recuerdo ya pertenece a la luz entrando a través de las cortinas blancas, las olas sonando y el graznido de las gaviotas.

Durante los primeros segundos, aún medio drogado, creí ser feliz, hasta que el suceso de la tarde-noche anterior volvió a mi cabeza. Fue entonces cuando giré la cabeza y comprobé que estaba completamente solo en la cama, así que no se trataba de ninguna pesadilla: Scarlett se había ido.

Difícil explicar con palabras el sentimiento de soledad, de anhelo, de impotencia y de inseguridad que tuve en aquellos momentos. Me acompañó durante meses. Aunque a veces creo que este nunca se apagó del todo.

CAPÍTULO 18

Itzabella

Pasaron muchos días y todos me resultaban iguales. Scarlett no volvía y yo no quería aceptarlo. Aquel tiempo se convirtió en la peor etapa de mi vida. Correría el año 2003 y nunca me había sentido más solo, en toda la amplitud de la palabra. Cualquiera que haya estado inmerso en ese estado emocional —y a ese nivel— sabe que es un vacío interior y una sensación de abandono imposible de aplacar o ignorar. Un sufrimiento al que solo era capaz de engañar con... drogas y más drogas, exacto. Me aislaba de la realidad a base de un excesivo consumo de sustancias ilegales que fácilmente pudieron haberme llevado al otro barrio. Aunque quizás, en aquel momento exacto, la muerte era justo lo que buscaba.

Sin embargo, unos seis meses después, con mi vida en su máximo desorden, conocí a una chica maravillosa. Estaba en el supermercado comprando lo mínimo (por aquella época, me limitaba a sobrevivir) cuando vi a una bellísima mujer que estaba promocionando una popular marca de agua mineral. Me habló para ofrecerme aquel producto, fui agradable y educado con ella (es una máxima que nunca rompo) y acabamos dándonos los teléfonos.

La chica se llamaba Itzabella. Era un par de años menor que yo y tenía dos hijos pequeños: Antonio y Sofía. Lo que comenzó como un simple tonteo se convirtió en una relación. Acabé mudándome a su piso, en el barrio malagueño de El Palo. Obviamente, le oculté que me drogaba; ordené un poco mi vida, incluso me saqué el título de guardia de seguridad para el aeropuerto de Málaga, donde empecé a trabajar. Si me veías desde fuera, casi parecía una persona normal.

Durante dos años estuve viviendo así, drogándome menos, haciendo de padre e intentando parecer un hombre integrado en la sociedad. El afecto que llegué a tener por aquellos dos niños era casi indistinguible al sentido por un padre de verdad, os lo aseguro; mi generosidad y mis buenos gestos hacia ellos se sucedían continuamente. Era algo recíproco. Nadie como los niños para abrirnos al amor y a la protección más pura y sincera.

Itzabella era guapísima (siempre he salido con chicas espectaculares, dicho sea de paso, y espero que no suene fanfarrón), de pelo corto, ojos azules y un poco menos alta que yo. Una mujer con una vida organizada y estructurada. Por supuesto, hasta ese momento, la única con la que había salido que no se drogaba. De ahí que yo tuviera que ocultar mis adicciones; unos vicios que estaban en un punto mucho más controlado, aunque igualmente presentes.

Como decía, Itzabella era muy inteligente y tenía una gran formación (en otras palabras, era de todo menos tonta). En más de una ocasión me preguntó por qué estaba hiperestimulado, aunque yo siempre negaba que se tratara de drogas. Es habitual en Andalucía comprar rebujito, una mezcla de heroína y cocaína y que causa ese efecto antes descrito que llamaba la atención de Itzabella. Ella, como buena mujer de ascendencia italiana, era explosiva cuando le tocaban las narices, algo que pasó en más de una ocasión.

Por mucho que siempre haya sido un yonqui disimulado, a veces no puedes evitar que se note cuando estás bajo los efectos de una droga, siempre se acaba irradiando algo hacia el exterior, especialmente a la persona con quien convives, pues conoce cada palabra de tu vocabulario, tus gesticulaciones, tu cadencia y tus tiempos.

A pesar de que Itzabella tenía la mosca detrás de la oreja, estábamos plenamente enamorados. De hecho, en las llamadas que realizaba a mis padres por entonces, siempre les reconocía que aquella chica era genial y que, muy probablemente, acabaría pidiéndole matrimonio.

Aunque suene a conclusión fácil, todo pasa por algo. Tras la elegante locura que era vivir con Scarlett, Itzabella llegó para calmar las aguas, para que buscase un trabajo normal y lograra mayor control sobre mis adicciones. El sol siempre sale tras la tormenta, y ese cuerpo celeste había nacido en Italia. Pero, como todo en mi vida autosaboteada, me lo acabé cargando. No obstante, fueron unos años de cierta tranquilidad, de cierto sosiego, orden y calidad, que, viendo mi estancia en esta tierra con retrospectiva, no es poco.

CAPÍTULO 19

El final de una quimera

Como ya decía, el tiempo que estuve viviendo con Itzabella fue sinónimo de paz. Llevar a los niños al colegio, esperar en la parada del bus, hablar con los profesores, ver las calificaciones escolares o ir a la playa en fin de semana. En aquel punto, absolutamente nadie podía sospechar que era alguien que consumía drogas regularmente.

No solo parecía un tipo plenamente integrado en la sociedad, sino que incluso recibía constantemente la enhorabuena de los otros padres, quienes una y otra vez me alababan mi generosidad por hacer de tutor con tanto empeño de dos niños que en realidad no eran mis hijos. Quería tanto a esos dos pequeños que no me costaba nada, de verdad, me salía de manera natural, orgánica.

Aunque fue el momento más ordenado y saludable de mi vida, Itzabella en ocasiones, cada cinco o seis meses, se daba buena cuenta de que me había drogado. Lo que ella no sabía es que lo hacía ya bastante a menudo; sin embargo, tampoco mucho más de una vez al mes.

Durante aquellos años trabajaba como guardia de seguridad en el aeropuerto de Málaga. Entraba muy temprano, a las seis de la mañana exactamente. El día que me apetecía drogarme, mi plan era siempre el mismo: cogía el Fiat Cinquecento de Itzabella (ella siempre mantuvo que ese coche perteneció a la esposa de un mafioso italiano, aunque nunca supe el resto de la historia) y conducía hasta el barrio de La Palmilla. Aquel lugar era —y supongo que sigue siendo— un supermercado de la droga abierto veinticuatro horas. Una vez allí, llamaba fuertemente a la doble puerta del piso en cuestión y compraba el rebujito. Consumía en el mismo Fiat de Itzabella y luego, como a las seis menos veinte de la mañana, arrancaba y me iba a trabajar al aeropuerto.

Siempre digo que uno puede huir de muchas cosas, pero no de sí mismo. Así, siguiendo la costumbre habitual, mi trabajo como guardia de seguridad acabó mal. Me bajaba a lo que llaman «hipódromo», lugar donde se acumulan todas las maletas, y ponía mis ojos en la que pareciera más ostentosa, normalmente por ser de alguna firma cara. Entonces la abría con rapidez, miraba su contenido y me quedaba con lo que hubiese de valor: cámaras de foto y vídeo, reproductores de música, algún bolso femenino de Louis Vuitton o artículos similares. Guardaba en mi mochila aquel botín, cerraba la maleta y listo. Cuando trabajas de guardia de seguridad, todo el mundo asume que se puede fiar de ti porque, precisamente, tu trabajo consiste en que no ocurran esos robos, con lo que estas acciones acaban siendo muy sencillas.

Y así fue hasta aquel día que me llamaron al despacho para firmar el despido y recordarme que no debía pisar nunca más el aeropuerto de Málaga. De ese modo frío, sencillo y efectivo aconteció mi destitución. Suele ocurrir cuando uno es como yo. A partir de aquí, en mi vida se sucederán más despedidas frías, sencillas y efectivas.

Recién despedido, fui a casa de Itzabella (mi casa también durante aquellos años) y le conté la verdad. Supongo que os preguntaréis por qué decirle la verdad en vez de inventar algo y proteger la imagen que ella tenía de mí. Pero siempre he sido sincero cuando pasaban estas cosas: demasiado daño hacía colateralmente como para añadir más embustes innecesarios.

Sorprendentemente, Itzabella se lo tomó con cierta calma, quizás porque tenía la cabeza en un vuelo a Italia que iba a hacer al otro día junto a los niños para visitar a su familia. Y así fue, se marchó volando una semana a tierras italianas y mi vida se convirtió en un caos durante esos días. Pues, ya a solas, podía bajarme la máscara de persona madura. O tal vez a causa del efecto rebote por haber estado consumiendo mucho menos de lo deseado durante años, quién sabe.

En esa estancia de Itzabella por su país natal ocurrió algo difícil de explicar. Fui a pillar a Marbella, a un sitio un poco más económico que en La Palmilla. Entonces, saliendo de Fuengirola, antes de llegar a Benalmádena, justo en esa subida que bien conocen los de la zona, un camello empezó a perseguirme con un coche mil veces mejor que mi Fiat Cinquecento.

No entendía nada, ya que no debía dinero a nadie ni estaba metido en ningún lío. Tampoco hoy, casi veinte años después, sabría decir por qué me perseguía aquel tipo de aquella manera, con suma violencia. La cosa es que se me acercó tanto que acabé empotrado en un camión, el cual rápidamente paró su marcha. El golpe fue tan rápido y brusco que los bomberos tuvieron que sacarme del vehículo cortando el Cinquecento por la mitad.

Como en los otros accidentes graves que he tenido a lo largo y ancho de mi vida, salí de aquello completamente ileso y bromeando con que estaba vivo porque soy de Bilbao, sacudiéndome el polvo. Aunque, sinceramente, resultó un completo milagro que no me hubiese roto, como poco, la mitad de los huesos del cuerpo con aquel accidente. Bueno, accidente provocado, que no es lo mismo.

Le conté a Itzabella por teléfono lo que había ocurrido y, de nuevo, pareció tomárselo con sorprendente calma. Y vaya si fue así. Llegó a casa un par de días más tarde del incidente, abrió la puerta, me dio un beso de tornillo y me dijo «Rober, tienes que irte ya». Sin más conversación que esa frase corta, hice mi maleta y me marché de aquel piso en El Palo.

Nunca más volví a ver a Itzabella. Me afectó perder a aquellos dos niños.

CAPÍTULO 20

Goge

Cuando Itzabella me dice que me vaya de su casa, tengo que hacer algo a lo que estaba tristemente acostumbrado: encontrar un nuevo lugar y reinventarme de nuevo. Algo que cuesta a mucha gente pero a lo que yo, por suerte o desgracia, estaba ya completamente hecho. Fue entonces cuando pensé en lo lógico para estos casos: Goge.

Goge era mi mejor amigo desde hacía años. También vasco, un poco mayor que yo, toxicómano, bipolar y abiertamente homosexual. Pertenecía a una de las familias más ricas del País Vasco, por eso era propietario de un chalé precioso en Benalmádena pueblo. Me instale en su casa y me trató como siempre, de manera generoso y educado al máximo nivel.

Durante algo más de seis meses estuvimos viviendo en su chalé. Un tiempo donde no hubo fiestas, aunque todo estaba bastante lejos de ser ordenado, organizado, saludable y equilibrado. Como nosotros teníamos coche y el resto de yonquis no, nos dedicábamos a hacer de taxistas de ellos hasta La Palmilla. Los llevábamos y traíamos a cambio de droga, con lo que consumíamos gratis cada día. Eso era lo que hacíamos por la mañana, y el resto de la tarde nos dedicábamos a drogarnos y a mantener la desastrosa vida de las personas en nuestra situación: comer cualquier cosa a cualquier hora y dormir a ratos. Eso sí, de puertas para fuera y a ojos de la gente normal, éramos dos vecinos ejemplares.

Aunque he consumido la mayor parte de mi vida, nunca perdí la perspectiva. Me había quedado demasiado delgado y la heroína (o mejor dicho, el rebujito) estaba haciendo mella en mí, con lo que pensé que lo mejor era volver a casa y recuperar un poco la salud. Además, hacía demasiado tiempo que no veía a mi madre.

Bajo la excusa de los negocios de la familia de Goge, ambos nos subimos a Bilbao. Esta vez, raro en mí, ambos fuimos en avión. Lo hicimos así por las posibilidades económicas de mi mejor amigo, quien siempre recibía cuanto dinero pidiera. He de decir que la bipolaridad de Goge jugaba en su favor económicamente. Sus hermanos, mayores que él, no dudaban en enviarle pasta siempre que no formara ningún espectáculo, por lo que habitualmente tenía casi todo lo que quería. Por supuesto, viviendo con él no tuve que trabajar y siempre, en cualquier aspecto, me mantuvo bien cubierto.

Llegamos a Bilbao y, tras un mes o así, yo recuperé mi peso habitual y la madre de Goge falleció con casi cien años. Cuando esto pasó, él heredó una gran casa en el centro de la ciudad. Se mudó allí y me dijo que me fuese con él para revivir los viejos tiempos en Benalmádena pueblo. Y eso fue justo lo que hice.

CAPÍTULO 21

Quemando dinero

Suelo decir que nada es realmente malo ni nada, realmente bueno. Una reflexión que comparto con los sabios budistas (más bien la he plagiado de ellos para hacerla mía). Así, bajo esta filosofía ancestral, el fallecimiento de la madre de Goge fue un palo para mi mejor amigo, aunque también trajo sus sorpresas positivas. Al menos desde ese punto de vista infantiloide que poseíamos en aquel momento.

Goge heredó una casa inmensa valorada en unos setecientos mil euros de la época en todo el centro de Bilbao, pero vinieron más sorpresas. Mi querido amigo era el pequeño de cuatro hermanos, y a cada uno le correspondió alrededor de medio millón de euros. Una cantidad muy grande, aunque no nos duró más de dos años, quizás tres. Sí, una auténtica locura, y es que ese dinero bien gestionado hubiera podido arreglarnos la vida para siempre o casi siempre.

Instalados en la preciosa —e inmensa— casa del centro, nuestro día a día se asemejaba al de dos millonarios (quizás porque algo parecido éramos). Un ejemplo de nuestra jornada habitual: nos levantábamos alrededor de las diez de la mañana, entonces le pedía a Goge unos doscientos o trescientos euros e iba a comprar cocaína y heroína; desayunábamos en cualquier sitio elegante, volvíamos a casa, nos drogábamos, luego comíamos en cualquier marisquería del centro (sí, y esto era a diario) y más tarde seguíamos drogándonos; la cena resultaba igual que el almuerzo: cualquier sitio exquisito y elegante nos valía.

Por si no fuese suficiente con la herencia que había recibido mi compañero de caserón, se acercaba continuamente a los restaurantes propiedad de su familia y cogía dinero de las cajas, por lo que, encima, teníamos todos los extras económicos deseados.

Ni que decir tiene que fue la época que más me he drogado: a diario.

Debido al estatus adquisitivo económico, lo que más consumíamos era cocaína. Recuerdo perfectamente esa sensación de seguridad, de autoestima y de tener el ego por las nubes. Al fin y al cabo, era un tipo relativamente joven, con dinero eterno (o eso creía yo), que vestía las mejores ropas y comía en los mejores restaurantes. Todo eso sumado a la falsa sensación de seguridad y de rey de la colina que te proporciona la coca. Era como vivir en una nube; quizás una nube de cartón, pero así lo sentía en aquellos años.

El aprecio que tengo a Goge es indescriptible (y no por el sustento económico que me proporcionó, os lo aseguro). Su preocupación por mí, protección y lealtad fueron tan genuinas y puras que no sabría explicarlo con palabras. Espero que, allá donde esté, pueda leer o sentir todo esto. Y es que pocas cosas hay más duras que perder a tu mejor amigo... Aunque esto es algo que contaré y concretaré cuando llegue el momento cronológico exacto.

CAPÍTULO 22

Trastornos y retornos

Debido al trastorno bipolar de Goge, la imagen que se tenía de él era blanca o negra: una persona maravillosa o un hijo de puta. Aunque, efectivamente, él era las dos cosas, tan solo dependía del momento en que estuviera. Si se encontraba medicado y dentro de los ocho meses buenos del año, Goge era el tipo más agradable y dadivoso del mundo, afectivo y cariñoso, alguien con un inmenso carisma natural. Pero cuando rondaban los meses malos con respecto a su trastorno o no estaba tomando sus medicaciones, entonces se dedicaba a putear gratuitamente a la gente, convencido, además, de que se lo merecían. Un doctor Jekyll y señor Hyde con un balance positivo.

Por regla general, era un tipo muy querido en todo Bilbao y también en Benalmádena pueblo. Sin embargo, si sufrías un roce con él en sus épocas malas, podía ser el más energúmeno y el más cruel, de ahí que la imagen ostentada, al menos entre quienes lo conocían de manera superficial, resultara de extremos: todo o nada.

Conmigo, no obstante, jamás variaba su trato, ni en los peores momentos de su trastorno, al menos no alcanzando esas cotas máximas a las que podía llegar con el resto. Quizás por eso conseguimos compartir el mismo techo en distintas ocasiones y siempre fue protector. Bien es cierto que mi aprecio hacia él era puro y sincero; y mi amistad, honesta. Mientras algunos se le acercaban por ser de una de las familias más adineradas de Bilbao, mi apego era real y me hubiera dado bastante igual que los suyos poseyeran más o menos dinero. Básicamente ocurre así cuando tienes un mejor amigo, que te dan igual los detalles más frívolos o someros.

Salir una noche con Goge suponía que se gastara quinientos o seiscientos euros invitando a todo el mundo. Una clara muestra de su altruismo y necesidad de ver a los demás felices para ser feliz en su interior. Esa era su verdadera naturaleza, cuando su trastorno no diluía la verdadera definición de su corazón. Como yo me pasaba el día —o los años— con él, podía elevarme y definirlo de manera justa, conformar una imagen acertada y una media de sus luces y sombras, donde siempre ganaban su inmensa benevolencia y su sabiduría nata.

Aunque siempre hable de Scarlett y las peligrosas aventuras que viví con ella, sé que Goge siempre ha sido y será una de las personas más relevantes de mi vida. Incluso mientras narro estas líneas, tengo la sensación de no estar haciéndole justicia, de que debería darle el sitio que se merece, quizás porque en los últimos años no fui justo ni me porté adecuadamente con él. Yo y mi eterna inmadurez; mi eterna inmadurez y yo: lo que más me gusta de mí frente a lo que más odio.

CAPÍTULO 23

Straight Outta... La Palanca

Aunque mi vida bilbaína en casa de Goge era relativamente sosegada, también existían días en que íbamos a La Palanca (el barrio chino de Bilbao) y nos pasábamos la jornada divirtiéndonos y haciendo el ganso, quizás rememorando viejos tiempos. Primero subíamos a cualquier piso que vendiera droga, algo sumamente fácil, y luego matábamos las horas hablando con camellos, con yonquis o con prostitutas, simplemente entreteniéndonos.

Para dos chavales de clase acomodada del País Vasco, pasar el día en este tipo de barrio era casi como un acto de rebeldía, de subversión y de libertad, una especie de vía de escape de una sociedad llena de obligaciones, formalidades y linealidades. Una afirmación bastante inmadura, de acuerdo, pero, si intento mirar en mis adentros y pensar por qué hacía lo que hacía, es lo más parecido a lo que sentía en aquel momento.

Cuando caía la noche, bebíamos alcohol con gente de la misma calaña que nosotros, aunque muy probablemente con realidades familiares mucho peores. Sobre las tres o cuatro de la madrugada, volvíamos a nuestra preciosa casa del centro de Bilbao y dejábamos atrás el lumpen para retomar las comodidades. No deja de ser curioso ese eterno contraste que me ha acompañado a lo largo de gran parte de mi vida.

Siempre pensé que Goge estaba profundamente enamorado de mí, aunque nunca me lo dijera abiertamente. Aun así, yo tenía total libertad para llevar chicas a casa y pasar un buen rato. Una de esas últimas veces fue una enfermera que había conocido a través de las redes sociales. Vino a casa, nos divertimos y luego se fue. Goge nunca tuvo ningún reparo en esto, pero no me resultaba difícil intuir sus sentimientos más insondables.

Cada cierto tiempo me sentía hastiado de las drogas y mal físicamente debido al maltrato que dan al cuerpo y la mente. En esas épocas, me iba a casa de mis padres durante quince o veinte días y me «limpiaba». Desayunaba, almorzaba y cenaba ordenadamente, hacía vida familiar, engordaba e incluso mejoraba el ánimo. Pues en cierto modo, de manera inconsciente, sabía que el cuerpo necesita recuperarse, fortalecerse y nutrirse si no quería acabar enterrado bajo tierra, como la mayoría de amigos de la época.

Durante esas franjas de tiempo no tocaba las drogas. Simplemente dejaba un bote con metadona en la nevera, les decía a mis padres, ya más mayores, que era medicina para la garganta recetada por el médico y me dedicaba a tener una vida ordenada, con platos cocinados al estilo tradicional y momentos de calidad junto a mi familia. No hace falta recalcar cuánto valoraban ellos que volviese al hogar, a la rutina, a la monotonía, a un ritmo diario como el de la mayoría de mortales.

Cuando me iba temporalmente a casa de mis padres, Goge venía de vez en cuando y, lógicamente, ellos lo acabaron conociendo. Para mi sorpresa, siempre lo vieron como alguien de más edad que me protegía y se preocupaba por mí. Es cierto que, mientras vivía en su casa del centro de Bilbao, mi vida con él era relativamente moderada, pero andaba lejos de lo que mis queridos progenitores pensaban.

Una vez recuperado física y mentalmente, con unos kilitos de más y buen color de cara, regresaba al abrigo de Goge y nos zambullíamos de nuevo en las drogas y la mala vida.

CAPÍTULO 24

Hate on Me

Ya en 2018, Goge se levantó un día con una idea en la cabeza: vender su caserón del centro de Bilbao, coger el dinero e irnos a vivir al piso que yo había heredado en Busturia, el mismo donde pasé los veranos de mi infancia. Como ya he contado, se trata de un lugar precioso y apacible frente a la playa. Un pequeño paraíso más acorde a una vida contemplativa, quizás coherente con las edades que ya empezábamos a tener.

Dicho y hecho. Goge puso su casa a la venta y, en menos de un mes, se deshizo de ella por más de medio millón de euros. Con aquel dinero, aparte de arreglarse el futuro a nivel económico (con la tranquilidad que eso conlleva), me compró un precioso Volkswagen Golf. Y así comenzamos una tranquila vida frente al mar, casi como una metáfora de nuestra estancia, mucho tiempo atrás, en Benalmádena pueblo.

Todo fue bien hasta que él me confirmó lo que yo siempre había intuido...

Tras varios meses conviviendo en mi piso, conocí a una chica fantástica que se llamaba Laura. Lo que en principio iba a ser un lío de una noche, algo físico y fugaz, un aquí te pillo y aquí te mato, acabó extendiéndose y comenzamos a enamorarnos. Cada vez queríamos vernos más y más. Pero Goge no supo encajar aquello, se lo tomó muy mal. Hasta ese momento, yo había tenido libertad para quedar con quien y como quisiera, pero nunca quiso aceptar esta llegada de Laura. Quizás porque ya teníamos otra edad y a lo mejor él esperaba una vida sin sobresaltos. En fin, nunca sabré que se le pasó real y literalmente por la cabeza. Pero empezó a sabotearme a mí y a sabotearse a él mismo de la peor manera posible: dejó de tomar su medicación. Comenzó a formar espectáculos en el pueblo y la gente, acostumbrada a una vida predecible y serena, me preguntaba cómo aquel hombre tan educado había terminado con según qué actitudes públicas.

Sin medicarse, mi querido amigo perdió la cabeza, hasta el punto de que su familia se enteró y lo internó temporalmente en un psiquiátrico. Ellos, además, me quitaron el coche, el dinero e incluso el teléfono móvil. Y no volví a ver nunca más a Goge. Me parece que quisieron pagar sus frustraciones conmigo, cuando yo solo era otra víctima de que su hijo decidiese hacer caso omiso de su tratamiento médico.

En ese momento me quedé viviendo a solas en el piso y lo pasé realmente mal. Albergaba muchos sentimientos encontrados: por un lado, yo era libre de hacer lo que me viniera en gana, claro, pero, por el otro, quizás no debí darle ese disgusto siendo conocedor de sus sentimientos. Uno de los momentos más difíciles de mi vida. Aunque, por desgracia, vendría alguno más relacionado con él.

CAPÍTULO 25

Life Goes On

La familia de Goge me culpaba de que no quisiera medicarse y durante unos larguísimos cinco o seis meses intenté comunicarme con él sin ningún resultado satisfactorio. Mi frustración se hacía cada vez mayor. Y para colmo, me llamó una amiga en común, Eugenia, y me contó que mi amigo padecía cáncer de pulmón, estaba ingresado y no había muchas esperanzas de recuperación.

La noticia no podía ser más triste, pero resultaba completamente previsible: Goge fumaba dos paquetes de cigarrillos al día, y así había sido durante años, décadas.

Aun así, su familia seguía sin ponerme en contacto con él y sin darme noticias. Deseaba ir al hospital y visitarlo, hablar con él y despedirme, algo que me fue completamente imposible.

No mucho después de enterarme de la triste noticia, el cáncer se le había extendido tanto que él mismo decidió no recibir quimioterapia ni nada por el estilo. Algo a lo que los médicos tampoco se opusieron, ya que lo suyo no tenía solución a esas alturas. Simplemente esperó, entubado, a que Dios —o quien sea— viniera y se lo llevara.

Un día como otro cualquier, mientras desayunaba leyendo el periódico, vi una esquela que decía que mi querido amigo, compañero de aventuras y eterno confidente había fallecido. Recuerdo aquel instante como si hubiera pasado hace diez segundos. Me quedé completamente noqueado y se me quitaron (de manera literal, no se trata de ningún recurso poético) las ganas de vivir.

Fue entonces cuando dejé las redes sociales durante dos años enteros, algo que ha acabado saliendo en los medios. No tuve contacto con ningún tipo de tecnología en todo ese paréntesis digital: ni móvil, ni ordenador, nada de nada. Me recluí en casa. Dos años que pasaron como dos días o como dos décadas, no sé, porque perdí la total noción del tiempo. Me levantaba y tomaba un café con leche, prácticamente toda la comida que ingería en el día. Lógicamente, perdí muchísimo peso.

Desde entonces, sé de primera mano que si estás inmerso en una depresión, no quieres salir, ni vestirte, ni relacionarte, eres un zombi que solo quiere dormir o pasar las horas mirando al techo, alguien para el que la vida no tiene ningún sentido. Por suerte, poco a poco pude ir saliendo del pozo, aunque aún no canto victoria: sigo sin estar completamente bien y a veces, demasiadas, me inunda una incontrolable sensación de desazón y tristeza que me abate. Lucho contra ello cada día, pero todavía me queda mucho camino por recorrer.

CAPÍTULO 26

Jonkies rabiosos

Siempre sentí que tenía cierto don para las palabras, una apreciación que fui comprobando conforme crecía. El verbo me salvó de cientos de líos a lo largo de mi vida y también me ayudó a expresarme, a liberarme de ese modo. Ya sabéis que lo que no se dice se queda dentro y se hace más fuerte, pero para mal.

Estábamos en 2010 y mi vida era cómoda. Vivía aún con Goge en el País Vasco, nuestra rutina resultaba sosegada, incluso aburrida por momentos, con todas las necesidades cubiertas. En ese punto, me di cuenta de que ya había vivido suficientes aventuras como para narrarlas, así que abrí un blog, *Jonkies rabiosos*, y allí que estuve soltando algunas de mis peripecias durante algunos años. Aunque esté feo decirlo, siempre tuve, como ya conocéis, cierta necesidad de ser el líder, de concentrar cierto protagonismo. Quizás esta es la verdadera razón de aquella explícita bitácora digital que regó la semilla de Rober Wido.

Por regla general, escribía los domingos, que solían ser días aburridos. Me ponía con mi querido portátil e iba contando esas lamentables aventuras sin pensar que acabarían siendo icónicas para algunas personas tiempo después. Mohammed, Scarlett, la heroína, el rebujito...: muchos de los nombres propios y términos que se popularizaron más tarde en Instagram ya aparecían en aquel blog. Un sitio web muy cutre visto a día de hoy, pero es lo que tiene Internet, donde todo parece caduco y desfasado a la hora siguiente.

Curiosamente, recibía comentarios y mensajes. Mucha gente se enganchó a esas historias como yo lo estaba al caballo. No en vano, esas andanzas habían quedado atrás, más bien en el cine de los ochenta y en el flamenco carcelario que narraba sucesos similares, no en pleno 2010 entre la red de redes, teléfonos móviles y el principio de las virtuales estructuras sociales tal como lo conocemos todo hoy.

Sea como sea, siempre hay un comienzo para todo, y ese blog me llevó luego a Instagram, donde ya puse mi cara y arrancó todo esto que ha terminado con este libro que tienes entre tus manos. Quizás por eso hay que hacer las cosas, algo que debería aplicarme más a mí mismo. Nunca sabes qué pequeña acción va a crear otra y luego otra, así que, por si acaso, mejor hacer todo lo que tengamos en mente y no quedarnos con la duda de qué podría haber sido de aquella idea o donde podríamos estar si no hubiéramos dicho aquello de «Adelante».

CAPÍTULO 27

All Eyez on Me

Corría el año 2015 y todo el mundo hablaba de una red social llamada Instagram no solo como si fuera lo más *top* y *cool*, sino casi como si el futuro pasara por ella. Razones de peso para actualizarme un poco y lanzarme de lleno a ella, aunque ni en cuatrocientas vidas hubiera esperado lograr ese impacto que tuve.

Recuerdo que al principio fui un poco *hardcore* e incluso publiqué un par de vídeos fumando heroína en plata. Por suerte, los borré y no acabaron duplicados en mil sitios, como si ha acabado pasando con muchos de los otros. Aunque mi vida es ya mucho más ordenada y saludable que en 2015, entiendo que hay cierto contenido que no se puede subir a las redes. Lo curioso de todo aquello es que yo mismo los borré, ni siquiera fue Instagram el que lo llevó a cabo, como cabía esperar.

Ahí continué ampliando mis andanzas, con o sin Scarlett: persecuciones, trapicheos y fiestas. Una serie de historias que acabaron calando tanto que cada vez que miraba Instagram me daba cuenta de que había miles de personas nuevas siguiéndome, además de dejándome *likes* y *comments*. Parecía que mi móvil iba a explotar y a veces me sentía abrumado.

Chicos y chicas me esperaban en la puerta de casa para hacerse fotos conmigo, y lo mismo comenzó a pasar en cualquier parte del País Vasco y, luego, de España. Algo que suena muy divertido y estimulante, pero recuerdo perfectamente que, llegados a un punto, experimenté algunos ataques de pánico y estuve varios días sin salir de casa, quizás por la novedad que suponía esa falta de intimidad. Pero por suerte, tras unos días encerrado, recapacité y me di cuenta de que todas esas fotos eran pedidas con educación y cariño, de que jamás nadie me faltaba al respeto, sino todo lo contrario.

Luego la cosa fue a más: artículos de prensa en los medios más fuertes, canciones, dibujos, cómics, etiquetas constantes en redes y mis frases y vídeos colgados por todas partes. Incluso hay un mural con mi cara hecho por unos grafiteros en Madrid, gente con mi nombre o mi rostro tatuado y una universidad que quiso venir a entrevistarme para hacer un estudio sobre cómo había conseguido tantos seguidores en tan poco tiempo teniendo en cuenta que no soy cantante, ni actor, ni nada artístico por el estilo. La realidad siempre supera a la ficción, y por goleada.

Lo curioso de todo es que no cuento con *haters*, ni siquiera a día de hoy. Estadísticamente, viendo el número de *followers*, comentarios y *likes*, tendría que haber recibido algún *feedback* negativo. Sin embargo, nada más lejos de la realidad, todo el mundo es supereducado y amable conmigo. Algo que incluso da cierto respeto o pavor, porque algún día puede que no sea así. Quién sabe qué ocurrirá mañana mismo, ¿no?

Lo cierto es que había nacido Rober Wido como personaje. Todo el mundo hablaba de él... y yo no sabía ni cómo había llegado a ese punto. A veces parece que la vida pasa a cámara lenta y de momento todo se revoluciona hasta el punto de sentirte casi sobrepasado. Lo único que tenía claro es que estaba en un episodio nuevo de mi historia, en uno que jamás hubiera esperado, y debía lidiar con ello sí o sí sin perder los valores y sin dejar de ser leal a mí mismo y a los míos.

CAPÍTULO 28

Applause

Tras mi primer intento con Instagram, donde reconozco que conseguí un montón de seguidores, ocurrieron algunos hechos que me hicieron querer cerrar la cuenta durante bastante tiempo. Al fallecimiento de mi mejor amigo se le unieron los ataques de pánico por sentirme observado, algo que puede sonar ridículo cuando no eres Michael Jackson o LeBron James pero que a mí me afectó sobremanera. Es la verdad, quizás por haber ocurrido sin esperarlo, casi de un día para otro.

Durante esos dos años y pico no solo estuve alejado de Instagram y de prácticamente cualquier tecnología, sino que me encerré en una habitación y, literalmente, no salía. Por fortuna, el cariño, la lealtad y la cabezonería de Laura consiguieron rescatarme del pozo.

Ella comenzó a venir a casa, a abrir la puerta de aquella habitación, a cocinar en condiciones y a obligarme a ingerir esos platos. No habría palabras para reconocer su paciencia, cariño y tesón. Ni para agradecer a Eugenia, quien no paró de llamarme hasta hacer que retomara una rutina diaria relativamente normal. Entre las dos lograron lo que durante mucho tiempo creí imposible: volví a ser alguien con ganas de vivir. Cuánto debo a algunos maravillosos seres humanos.

Cuando fui de nuevo persona, me percaté de que aquel hiato alejado del mundo había convertido a Rober Wido en una especie de leyenda de Internet. No solo por las aventuras que había contado y mis reflexiones, sino también por el desconocimiento absoluto que había sobre mi vida más íntima, al menos en comparación con otras personas de cierto éxito en redes que cuentan su día a día bajo todo lujo de detalles, siendo fácilmente localizables casi a cada segundo. A decir verdad, había estado en depresión y queriendo morir durante muchos meses, jamás pensé que de esa circunstancia, de ese alejarme de cualquier ser viviente, se pudiera crear un nombre propio, fuera en el nicho que fuera.

Como ya poseía un poco más de energía, sentí la necesidad de volver a actualizarme, por lo que creé otra cuenta de Instagram, hice un vídeo y lo subí. Cuando volví a mirar el móvil, tenía ya mil seguidores. No me parecieron muchos, quizás porque seguía emocionalmente entre nubarrones y no había permitido que el tiempo, siempre sabio, hiciese su parte. Pero al otro día ya había quince mil personas siguiéndome. Y al siguiente, el doble.

Cuando me quise dar cuenta, algunos de los medios de comunicación más influyentes de nuestro país habían publicado mi vuelta a las redes. Resulta curioso cómo uno puede significar algo para los demás incluso cuando no significa nada para uno mismo. Esa era la historia de Rober Wido, al menos en ese punto exacto de mi existencia.

CAPÍTULO 29

Started from the Bottom

Lógicamente, ha habido un gran punto de inflexión en mi vida y, a pesar de aquellos primeros ataques de pánico, me siento muy afortunado por esta nueva etapa.

Hay muchas más cosas positivas aparte de recibir el amor de miles de personas desconocidas. Antonio, el hijo de Itzabella, un chico al que no veía desde que tenía siete u ocho años, se puso en contacto conmigo por Instagram y desde entonces hemos vuelto a tener una relación de amistad. Cada varios días nos escribimos por WhatsApp o realizamos alguna videollamada. A día de hoy, Antonio es un muchacho maravilloso de veinticuatro años que oye música rap.

Incluso con Gorriontzu. Mi querida mascota se escapó, como ya conté en Instagram, y unas seguidoras lo reconocieron a casi tres kilómetros de casa mientras el pajarito comía de un trozo de lechuga del suelo. No hace falta decir que lo daba por perdido o incluso por muerto. Porque un pajarito doméstico no es como un perro o un gato, los cuales, por norma general, saben volver a casa si no se han alejado en exceso.

Habitualmente, cuando subo una *story* y miro sus estadísticas, en la primera hora ya tiene ciento cincuenta mil visualizaciones. He llegado a tener dos mil comentarios en un solo *post* y recibo unos doscientos mensajes privados al día. Así, dedico unas dos o tres horas diarias a contestar a la mayoría.

Mi vida también ha cambiado en muchos otros aspectos. Me regalan zapatillas y todo tipo de ropa de marca, accesorios para fumar y casi cualquier cosa que uno pueda imaginar. Hay firmas comerciales que cada quince días, sin falta, me envían sus novedades. En un día normal, la media de paquetes que recibo es de dos o tres.

Como podéis imaginar, también hay celebridades de toda índole que se ponen en contacto conmigo para hacer alguna cosa de trabajo o simplemente charlar. Me escriben desde el ámbito de la música, del cine, de la televisión e *influencers* de todo tipo.

Como siempre, y solo puedo dar gracias al universo o a quien sea, tengo la suerte de que todo el mundo se dirige a mí de manera muy educada y cariñosa, algo por lo que me siento tremendamente afortunado. Sería de piedra —o directamente un psicópata— si no me afectara de manera positiva todo ese amor tan explícito que me llega cada día.

CAPÍTULO 30

We Belong to the Music

La música me ha acompañado desde que nací, casi de manera literal. Como mi padre era capitán de la marina mercante y siempre estaba viajando por todo el mundo, cada vez que venía a casa traía la mejor música de cada país, especialmente de Estados Unidos. Tanto es así que, cuando yo tenía solo seis años, mi progenitor ya poseía una colección de más de cien vinilos, con casi todos los géneros musicales.

Fue ahí cuando no solo me enamoré de la música, sino también, más específicamente, del mejor *funk*, el mejor *soul* y el mejor R&B, vamos, de la música negra. Todos mis amigos venían a casa para escuchar la colección de álbumes de mi padre y se quedaban maravillados. Aunque aquellos elepés sobre todo contenían música afroamericana, también había muchísimos sonidos latinos, de cuando mi padre iba a Colombia, Puerto Rico y Cuba.

Aunque el mundo del rap puede parecer violento y explícito desde fuera, musicalmente es el sonido que más me llega y llena. Así ha sido desde que era pequeño, cuando oía lo mejor de Motown, Stax Records o incluso el *blues*, y así me sigue ocurriendo con el hiphop.

Siempre me atrajo que en el hiphop fumaran continuamente marihuana. Ya sabéis que uno entra en un género musical por alguna cuestión superficial y luego se queda en él por mil razones más de peso. Puedo decir que, hoy por hoy, el rap es el género musical que más oigo y cala en mí, y con una gran diferencia respecto al resto. Del rap me llama también todo lo que rodea: el estilo de vida, la proyección del éxito, lo impoluto de sus ropas y todas esas cuestiones ya inherentes al género musical. Todo ahí me parece fascinante e hipnótico; por supuesto, empezando por la fuerza de su música.

Normalmente, lo primero que hago al levantarme es poner alguna buena canción. Con eso arranco el día y ya luego hago café y el resto de cosas programadas. Seleccionar algunas buenas canciones puede alegrarte el día entero, por eso son tan importantes las primeras que uno elija (algo que me recuerda a la magnífica película *Alta fidelidad*, basada en el libro homónimo).

Como bien explica la neurolingüística, una serie de acciones básicas pueden darle la vuelta a tu estado anímico. Como yo suelo ser demasiado tóxico y crítico conmigo mismo, nada mejor que una buena canción de hiphop para intentar sacarme una sonrisa. Y es que hay muchos géneros musicales y todos son respetables, pero ninguno tan auténtico, genuino, honesto y potente como el rap. Yo lo tengo claro.

CAPÍTULO 31

Mis discos favoritos de todos los tiempos

A pesar de lo que pueda parecer, la verdadera droga de mi vida y aquella sin la que no podría vivir es la música. Me levanta el ánimo, me acompaña siempre, nunca me decepciona y se acomoda a mis estados emocionales. Como siempre ha sido así casi desde que tengo uso de razón, me parece justo dejar por aquí cuáles son mis discos favoritos de la historia. Una especie de amalgama ecléctica que representa bastante bien mi forma de pensar y mi vida. Estos son los discos que no me pueden faltar:

- ✓ *Love* (Love, 1966).
- ✓ *La-La Means I Love You* (The Delfonics, 1968).
- ✓ *What's Going On* (Marvin Gaye, 1971).
- ✓ *All Directions* (The Temptations, 1972).
- ✓ *That's the Way of the World* (Earth Wind & Fire, 1975).

- ✓ *In the Heat of the Night* (Imagination, 1982).
- ✓ *Canciones profanas* (Alaska y Dinarama, 1983).
- ✓ *Sweet Dreams* (Eurythmics, 1983).
- ✓ *La ley del desierto* (Radio Futura, 1984).
- ✓ *Faith* (George Michael, 1987).
- ✓ *Actually* (Pet Shop Boys, 1987).
- ✓ *Senderos de traición* (Héroes del Silencio, 1991).
- ✓ *Achtung Baby* (U2, 1991).
- ✓ *Dangerous* (Michael Jackson, 1991).
- ✓ *The Chronic* (Dr. Dre, 1992).
- ✓ *Enter the Wu-Tang. 36 Chambers* (Wu-Tang Clan, 1993).
- ✓ *Doggystyle* (Snoop Doggy Dogg, 1993).
- ✓ *Black Sunday* (Cypress Hill, 1993).
- ✓ *Midnight Marauders* (A Tribe Called Quest, 1993).
- ✓ *Ready to Die* (The Notorious B.I.G., 1994).
- ✓ *Illmatic* (Nas, 1994).
- ✓ *The Infamous* (Mobb Deep, 1995).
- ✓ *Only Built 4 Cuban Linx* (Raekwon, 1995).
- ✓ *All Eyez on Me* (Tupac, 1996).
- ✓ *Muddy Waters* (Redman, 1996).
- ✓ *The Miseducation of Lauryn Hill* (Lauryn Hill, 1998).

✓ *2001* (Dr. Dre, 1999).

✓ *The Marshall Mathers LP* (Eminem, 2000).

✓ *The Blueprint* (JAY-Z, 2001).

✓ *Get Rich or Die Tryin'* (50 Cent, 2003).

✓ *Trap Muzik* (T.I., 2003).

✓ *Teflon Don* (Rick Ross, 2010).

✓ *My Beautiful Dark Twisted Fantasy* (Kanye West, 2010).

✓ *Take Care* (Drake, 2011).

✓ *1999* (Joey Bada$$, 2012).

✓ *Acid Rap* (Chance the Rapper, 2013).

✓ *Rodeo* (Travis Scott, 2015).

✓ *To Pimp a Butterfly* (Kendrick Lamar, 2015).

✓ *Ctrl* (SZA, 2017).

✓ *Culture* (Migos, 2017).

✓ *DAMN* (Kendrick Lamar, 2017).

✓ *ASTROWORLD* (Travis Scott, 2018).

✓ *Hollywood's Bleeding* (Post Malone, 2019).

✓ *I Never Liked You* (Future, 2022).

CAPÍTULO 32

Mi relación con la moda

Desde muy pequeño he sentido fascinación por la moda. Con no más de seis años ya decía a mi madre que vistiera un poco más moderna, que llevara faldas algo más cortas y que usara tacón. Desde que tengo uso de razón me he fijado en las tendencias que veía en las revistas y sabía diferenciar lo que era actual y lo que no, lo que quería ponerme y lo que no. También intentaba que los de mi alrededor tuvieran esa sensibilidad, aunque la mayoría de las veces sin éxito.

Por suerte, mi padre me traía de Estados Unidos los pantalones Levi's desde mucho antes que existieran en España. Con poco más de diez años ya usaba esa marca de vaqueros a diario y era el único en mi localidad que los tenía, con lo que incluso los compañeros mayores me miraban con buen ojo y me respetaban. Me daba seguridad ir bien vestido, algo que sigue estando en mí.

Pero no se trata solo de cierta seguridad o de la tan manida pertenencia de clase que venden las marcas, pues pienso que la ropa debe ser una extensión de uno mismo, una proyección de la personalidad, de la música que oyes, del cine que ves y de tu estado mental, por lo que ni siquiera me planteo la posibilidad de no ir exactamente como yo quiero y como me apetece cada día de la semana, del mes y del año.

Mi marca favorita de los últimos años es Dsquared2 y puede que también Palm Angels. De las firmas de toda la vida, podríamos decir que Ralph Lauren, Fred Perry y Dolce & Gabbana. En zapatillas, me apasiona Air Jordan, una submarca de Nike que, si bien se ha puesto muy de moda últimamente, sigo desde los tiempos en que Michael Jordan jugaba de manera tan magnética en los Bulls de Chicago, primero, en los Wizards de Washington, después.

A decir verdad, desde que tengo Instagram me visto prácticamente gratis. Puedo estrenar una camiseta, un polo o una sudadera cada día del año, lo cual me hace sentir muy bien. Me encanta esa sensación de ponerte por primera vez una prenda, de notarte fresco (tanto en el sentido de moda urbana como de limpio y aseado), de que mi ropa muestre quién soy y las cosas que me gustan.

Me fascina el *street style*, ir rollo urbano, *casual* y cosmopolita pero a la vez con un toque sofisticado. Quizás porque es lo que más representa mi personalidad: un pie en la calle y otro en cierto gusto refinado. Macarra con estilo; es decir, alguien que sepa lo que ocurre en las calles, sí, pero también con ciertas aspiraciones. Esta creo que sería la definición más idónea del estilo con el que me siento más cómodo y representado.

CAPÍTULO 33

Mi gran amor secreto: el cine

Aunque no suelo contarlo en Instagram, como tantas otras cosas, lo cierto es que el cine supone una de mis grandes pasiones. Al igual que las demás cosas que realmente calaron en mí (a excepción de las sustancias ilegales), tiene su semilla en la infancia, en lo mejor de esta.

Mi padre era un hombre serio y algunas veces distante, pero expresaba sus emociones o las canalizaba a través de la música y el cine. Del mismo modo que ocurría con los mejores discos de vinilo, desde muy pronto tuvimos televisión y vídeo, siendo de los primeros en poseerlos en el pueblo y también en Bilbao. De aquellos aparatos vienen algunos de los mejores momentos de mi infancia.

Los sábados por la tarde-noche echaban películas —normalmente del oeste— que, al concluir, eran analizadas por un crítico de cine gordito y calvo cuyo nombre me es imposible recordar, pero al que debo mucho. Como en aquellos tiempos existían muy pocos canales, la mayoría de la programación eran películas americanas y de mucha calidad. Había pocas opciones, pero casi todas geniales.

Con seis o siete años, recuerdo esperar ansioso la llegada de aquellas películas, algunos de los mejores wésterns de la historia: *La diligencia*, *El hombre que mató a Liberty Valance*, *Hasta que llegó su hora*, *Solo ante el peligro*, *Grupo salvaje*, *Centauros del desierto*, *Rio Bravo*, *Dos hombres y un destino*, *El Dorado*, *Winchester 73*, *Misión de audaces*, *El sargento negro* o *El bueno, el feo y el malo*.

Gracias a la crítica de aquel especialista, interioricé el cine no solo como un entretenimiento, sino también como una de las artes más nobles. Tanta fue mi pasión por el séptimo arte que incluso, durante toda mi adolescencia, pensé seriamente en desplazarme a Madrid, estudiar arte dramático y vivir de ello.

Aunque nunca estudié actuación, quizás debido a mis eternas inseguridades, lo cierto es que esa idea siempre se quedó en mí. Cuando me llamaron para hacer de diablo en un clip musical (el director me decía que transmitía y que lo hacía genial), me sentí tan maravillosamente bien que aquella experiencia frente a la cámara me recordó que el cine es verdaderamente mi gran amor secreto, ese al que debí dedicarme profesionalmente.

Aunque hay intérpretes fascinantes, pienso que el mejor actor vivo del mundo es Javier Bardem. Y no lo digo porque sea español, sino por su notable, única e inagotable cantidad de registros. Aunque también me gustan mucho Christian Bale, Adam Driver, Michael Fassbender, Colin Firth, Jake Gyllenhaal, Daniel Day Lewis, Sean Penn, Joaquin Phoenix, Denzel Washington y, por supuesto, Robert De Niro, Harvey Keitel y Al Pacino. En cuanto a actrices, me fascinan Cate Blanchett, Marion Cotillard, Lupita Nyong'o, Frances McDormand y Meryl Streep.

De actores y actrices ya fallecidos mejor ni hablamos, ya que la mayoría de mis héroes del cine de la infancia están ya muertos y no es mi intención hacer un capítulo innecesariamente largo y pesado. Aun así, ya veis que la mayoría de películas que forjaron mi deseo por el séptimo arte fueron rodadas durante los años cincuenta y sesenta, época donde no había efectos visuales hechos por ordenador y, por tanto, teníamos que centrarse en lo que realmente importa, la fuerza de la historia y el talento en las interpretaciones.

CAPÍTULO 34

Mis películas favoritas

El cine es la forma de evasión perfecta y el arte definitivo: incluye grandes planos, actuaciones, fotografía, diálogos, música, montaje, vestuario e iluminación, además de una historia escrita de antemano. Quizás por eso muchos adoramos tanto ver películas, porque en ellas se incluyen un montón de fascinantes y preciosas disciplinas artísticas, así que es como disfrutar de todo lo que uno ama pero concentrado en un mismo lugar: la pantalla del cine o de tu casa. Así ha sido desde que tengo uso de memoria, así sigue siendo y así será hasta que abandone este plano, por lo que os dejo con las películas que más he disfrutado una y otra vez a lo largo de mi existencia:

- ✓ *Casablanca* (Michael Curtiz, 1942).
- ✓ *Los siete samuráis* (Akira Kurosawa, 1954).
- ✓ *Doce hombres sin piedad* (Sidney Lumet, 1954).
- ✓ *La ventana indiscreta* (Alfred Hitchcock, 1954).
- ✓ *Testigo de cargo* (Billy Wilder, 1957).

- ✓ *Centauros del desierto* (John Ford, 1956).
- ✓ *Psicosis* (Alfred Hitchcock, 1960).
- ✓ *El apartamento* (Billy Wilder, 1960).
- ✓ *Hasta que llegó su hora* (Sergio Leone, 1968).
- ✓ *La semilla del diablo* (Roman Polanski, 1968).
- ✓ *Valor de ley* (Henry Hathaway, 1968).
- ✓ *El padrino* (Francis Ford Coppola, 1972).
- ✓ *Infierno de cobardes* (Clint Eastwood, 1973).
- ✓ *El golpe* (George Roy Hill, 1973).
- ✓ *El padrino, parte II* (Francis Ford Coppola, 1974).
- ✓ *Alguien voló sobre el nido del cuco* (Milos Forman, 1975).
- ✓ *Dersu Uzala* (Akira Kurosawa, 1975).
- ✓ *Apocalypse Now* (Francis Ford Coppola, 1979).
- ✓ *El resplandor* (Stanley Kubrick, 1980).
- ✓ *El precio del poder* (Brian De Palma, 1983).
- ✓ Érase una vez en América (Sergio Leone, 1984).
- ✓ *La chaqueta metálica* (Stanley Kubrick, 1987).
- ✓ *Mujeres al borde de un ataque de nervios* (Pedro Almodóvar, 1988).
- ✓ *Drugstore Cowboy* (Gus Van Sant, 1989).
- ✓ *Haz lo que debas* (Spike Lee, 1989).

- ✓ *Uno de los nuestros* (Martin Scorsese, 1990).
- ✓ *Los chicos del barrio* (John Singleton, 1991).
- ✓ *Reservoir Dogs* (Quentin Tarantino, 1992).
- ✓ *Sin perdón* (Clint Eastwood, 1992).
- ✓ *Cadena perpetua* (Frank Darabont, 1994).
- ✓ *Pulp Fiction* (Quentin Tarantino, 1994).
- ✓ *Leyendas de pasión* (Edward Zwick, 1994).
- ✓ *Asesinos natos* (Oliver Stone, 1994).
- ✓ *Seven* (David Fincher, 1995).
- ✓ *Heat* (Michael Mann, 1995).
- ✓ *Casino* (Martin Scorsese, 1995).
- ✓ *Fargo* (Joel Cohen, 1996).
- ✓ *Trainspotting* (Danny Boyle, 1996).
- ✓ *Traffic* (Steven Soderbergh, 2000).
- ✓ *American Psycho* (Mary Harron, 2000).
- ✓ *Gladiator* (Ridley Scott, 2000).
- ✓ *La última noche* (Spike Lee, 2002).
- ✓ *Infiltrados* (Martin Scorsese, 2006).
- ✓ *Volver* (Pedro Almodóvar, 2006).
- ✓ *Promesas del este* (David Cronenberg, 2007).
- ✓ *Valor de ley* (Joel y Ethan Cohen, 2010).

CAPÍTULO 35

El final del principio

Todo tiene un principio y todo tiene un final. En teoría, las despedidas son agridulces, pero me siento bien tras haber finalizado este libro que soportas entre tus manos. Han sido meses de entrevistas personales, de videollamadas, de cafés, de revisión de escritos, anotaciones y capítulos, pero me siento tranquilo, en paz. Probablemente, es la única vez que comienzo y termino algo de manera íntegra y completa.

Sé que hay muchas preguntas sobre mi persona, sobre mi pasado, presente y futuro: espero haberos dado esas piezas del puzle que faltaban para crear la fotografía general de ese personaje llamado Rober Wido. Como sabéis, me cuesta desnudarme y he construido mi imagen a base de superficialidades no porque sea alguien así, sino porque me cuesta hablar de mi verdadero yo y lanzarme, tal vez por ese eterno miedo a ser juzgado o señalado.

Sin embargo, he hecho ese esfuerzo consciente para todos aquellos que me siguen, que me mandan mensajes privados en las redes sociales, que me etiquetan o que crean cuadros, canciones e incluso ropa con mi cara o nombre. Creo que se merecen (os merecéis) este trato cercano, uno donde no hay censura, donde no existe la falsa cercanía de Instagram y donde de verdad nos miramos cara a cara para contarnos cosas, reírnos, llorar, abrazarnos y pasar de ser una imagen en la pantalla del teléfono o del iPad a un ser humano con algunas virtudes, muchos defectos y una vida interior que tantas veces me habéis pedido mostrar. Algo que hubiera resultado literalmente imposible sin la ayuda, paciencia y experiencia de JD Romero.

Han sido meses de trabajo, de subir escalones en forma de capítulos e incluso de recordar los momentos más dolorosos de mi existencia. A pesar de los pasajes más complicados, de las etapas que me avergüenzan y de todo aquello que pude hacer mejor, miro en retrospectiva y veo que ha merecido la pena.

Mi vida ha estado lejos de ser perfecta y cambiaría muchas cosas de ella, especialmente de la primera mitad. A pesar de ello, puedo hojear estas páginas hacia atrás y darme cuenta de que mi estancia en la tierra ha sido como yo elegí. Una manera curiosa, quizás dañina y muy mejorable, pero que ha representado de manera fidedigna mi verdadero ser, sin limitaciones, sin complejos y sin autocensuras.

Dicho esto, espero que hayáis disfrutado de estas páginas. Unos trozos de papel y tinta que significan mi fracaso como ser humano y mi éxito en las redes, la muy posible decepción a mi familia y la inspiración para otros, mi baja autoestima y el ser halagado cada día en Internet o en la calle. La complejidad y el sinsentido de la vida; los claroscuros de nuestra estancia en ese plano y la seguridad de que la única moraleja posible es que no existe ninguna.

Os quiero.

Epílogo

Mis drogas favoritas son el hachís, la música, el cine y la literatura. Cuando consumo cualquiera de las tres últimas, lo hago acompañándolas de la primera. A esta la someto a criba por textura, sabor y colocón; a las restantes, por contenido y forma.

Con «contenido y forma» hago referencia a la manera en que las disfruto. Puedo mantenerme enganchado a una canción, una película o un libro que no ahonde en ningún pensamiento o sentimiento extraordinario, pero la manera en que está compuesta, rodada o escrito, las florituras o los giros anodinos, me hacen no querer despegarme de la obra ante tal derroche creativo. Esto sería la *forma*. Otras veces, sin embargo, la historia que se desarrolla en la obra es de tal atractivo que no necesita grandes adornos y la información que me aporta, la filosofía o los pensamientos del autor, la enseñanza en general, brilla con luz propia y natural, de manera directa. Eso también logra cautivar mi atención y lo uso como nutriente creativo para mis propias obras. Esto sería el *contenido*.

Crear una obra donde contenido y forma consigan mantener un equilibrio supondría establecer el círculo perfecto, y esa es la sensación que me queda después del trayecto en espiral que recorrí leyendo a Rober (quizás sería más acertado decir «largo sueño en espiral», «*long spiral dream*», cuyas iniciales, curiosamente, coinciden con LSD): atrapado en él.

Aunque comparto mucho del mundo de Rober, siempre es una maravillosa experiencia oír o leer a alguien más experimentado que uno mismo. Cuando, en sus devenires, la vida me ha cruzado con este tipo de personas que llevan drogándose más tiempo que yo, no puedo dejar de verlos como a una especie de enigmáticos gurús que el destino puso ahí para trasladarme algún tipo de sabiduría.

Cuando me propusieron epilogar esta obra, tuve una desagradable sensación de vértigo. Porque, aun teniendo tres libros en el mercado, sigo sin sentirme escritor. Pues escribo, sí, pero escribo mis mierdas, que ni siquiera sé por qué interesan a nadie. ¿Cómo voy a pensar entonces que el que yo escriba algo sobre alguien pueda causar el más mínimo interés en un tercero?

Primero me comentaron la idea de que uno de los capítulos de este libro llevará el título de mi primera novela, *9 meses en el paraíso*, por el paralelismo descriptivo (sobre la cordillera rifeña, al norte de Marruecos) que existe entre una obra y otra. Accedí de buen grado y, por qué no decirlo, me hizo sentir un poquito orgulloso. No conocía a Rober en persona, pero, por lo que veía de él a través de Instagram, me resultaba un tipo simpático y sabio, o un sabio simpático. A continuación, y sin dejarme disfrutar del saborcillo del amor propio, me ofrecieron cerrar el libro y mis nalgas se buscaron una a otra en una contracción refleja. Como queriendo peer hacia dentro. No sabría decir si me convencí o me convencieron, aunque, en un arrebato de valor, pedí que me hicieran llegar un borrador de lo que tenían escrito y me encontré con un libro fácil de leer y con un magnífico contenido que, de la mano de un experto drogadicto, consigue llevarte desde el sótano a la azotea del pensamiento humano sin ningún tipo de tabúes y con conclusiones esclarecedoras.

Me hubiera gustado no conocer nada de ese mundo para poder asomarme por primera vez a él desde el interior de este libro y sin ninguna clase de repercusión física sobre mi persona. Pero me temo que llegó veinticinco años tarde.

Zatu Rey, SFDK

Made in United States
North Haven, CT
10 November 2026

22084216R00074